나는 성공의 지도를 보고 간다

여전히 성공이 서툰 당신을 위한 지침서

나는
성공의 지도를
보고 간다

김병완 지음

레몬북스

성공은 혁명하는 자의 것이다

가장 두려운 것은 우리가 부족하다는 점이 아니다. 우리 안의
가장 깊숙한 두려움은 우리가 실은 가늠할 수 없을 만큼 대단한
존재라는 사실이다. 우리를 가장 겁먹게 하는 것은 우리의 어두움
이 아니라 빛이다. 우리는 이렇게 묻는다.

"이렇게 똑똑하고 우아하고 재능 있고 매력 있는 나라는 인간은
대체 누구인가?"

우리가 만든 두려움에서 해방되면 우리의 존재 또한 자동적으
로 다른 사람들을 해방시킨다.

– 마리안느 윌리암슨, 『사랑의 기적』 중에서

당신처럼 똑똑하고 우아하고 재능 있고 매력 있는 인간은 대체 누
구란 말인가? 그럼에도 당신은 도대체 왜 성공하지 못하는 것일까?

바로 이것이다. 이것이 이 책의 주제이다. 그리고 이 주제에 하나

더 추가한다면 당신이 성공할 수 있는 방법에 대해 접근하고 배우고 자 하는 것이다.

성공은 배울 수 있는 것이며 예측 가능한 것이며 관리할 수 있는 것이다. 그리고 무엇보다 성공은 누구나 그리고 아무나 할 수 있는 것이다. 그럼에도 불구하고 누구나 그리고 아무나 성공을 할 수 없는 가장 큰 이유는 무엇일까?

그것은 성공이 자전거 타기처럼 누구나 배울 수 있음에도 불구하고, 그것이 배울 수 있는 것이라는 사실에 대해 무지하기 때문이다.

자전거 타기는 누구나 배울 수 있는 것이며 예측 가능한 것이며 관리할 수 있는 것이라는 사실을 알고 있기에 마음만 먹으면 자전거 타는 것을 배울 수 있고, 결과적으로 자전거를 탈 수 있게 된다. 하지만 자전거를 생전 처음 접하는 아프리카 원시부족이라면, 그들 눈에는 생전 처음 접하는 자전거만큼이나 자전거를 타는 사람이 매우 존경스럽게 보일 것이다.

그런데 누구나 자전거 타기를 배울 수 있다는 사실을 알게 되는 순간 자전거 타는 것은 시간문제에 불과하게 된다. 바로 이것이 혁명이다. 성공은 아무나 할 수 없다고 생각하던 많은 사람들이 성공은 다만 시간문제일 뿐 마음만 먹으면 누구나 할 수 있는 문제에 불과하다고 생각하는 것, 바로 그것이 성공을 혁명하는 것이며, 그러한 의식의 혁명을 하는 자에게 성공은 기꺼이 종이 되어준다.

우리가 성공을 하지 못하는 것은 우리에게 그만 한 능력이나 자격이 없어서가 절대 아니다. 단 한 가지 이유는 우리가 성공을 배우지 않았기 때문이다. 그 결과 성공의 길을 가지 못한 것에 불과하다.

당신이 배우려고조차 하지 않았다면 성공이 아무리 자전거 타기처럼 배울 수 있고, 예측 가능하고, 관리할 수 있고, 누구나 할 수 있는 것이라 해도, 자전거 타기를 배우지 않았다는 단 한 가지 이유 때문에 자전거를 탈 수 없는 것과 마찬가지로 성공도 할 수 없다.

바로 이런 이유 때문에 이 땅에는 그토록 성공한 사람들이 적은 것이다.

성공한 사람들이 특별히 재주나 머리가 좋은 것은 아니다.

"만일 당신이 언제나 늘 하던 그대로 행동한다면, 당신은 언제나 늘 얻던 것을 얻게 될 것이다."

에이브러햄 링컨의 말처럼 우리는 어제와 그대로 똑같이 행동하면서 언제나 늘 다른 오늘과 내일을 기대하는 어리석은 삶을 살아왔다.

어제와 다른 삶을 살고 싶다면 어제와 다른 행동을 해야 한다. 성공에 대해 어제까지와는 다르게 생각을 해야 하고, 어제와는 다른 예측을 해야 하고, 어제까지와는 다른 접근을 해야 한다. 바로 그렇게 할 때 우리는 어제와 다른 성공을 얻게 되는 것이다.

이 책은 바로 그러한 것을 당신에게 제공해주는 책이다. 당신의 사고와 예측과 행동을 바꾸어주고, 성공에 대해 배울 수 있게 해주고, 성공을 예측 가능하게 해주며, 궁극적으로 성공을 경영할 수 있게 해준다. 그 결과 당신은 성공을 자전거 타기와 같이 배우게 되고, 결국 성공하게 될 것이다.

인류 역사상 큰 성공을 거둔 사람들의 가시적인 특성들보다 좀 더 근본적이고 근원적인 성공 요인을 살펴보면, 한 가지 공통점이 있다. 그들이 하나같이 모두 '자신을 극복하고 자신을 이겨낸 진정한 거인들이었다는 사실이 아니라, 성공을 배우고 예측했고 관리했고 경영했던 인물에 불과하다는 것'이다.

이것은 위인들을 폄하하고자 하는 말이 아니다. 다만, 평범한 사람들조차 위대한 일을 해낼 수 있는 모든 것을 이미 가지고 태어났다고 하는 새로운 패러다임에 접근하게 해주고자 함이다. 즉, 소수의 몇몇을 영웅시해오던 전통적인 영웅주의를 파괴하고 새로운 영웅주의를 제시하고자 하는 것이다. 누구나 위대한 성공을 할 수 있고, 배울 수 있고, 관리할 수 있고, 경영할 수 있다는 '경영 가능한 성공'과 '누구나 할 수 있는 성공'에 대한 새로운 개념 말이다.

우리 주위의 성공한 사람들을 살펴보라.

그들은 성공하는 법을 배운 사람들이다. 최소한 그들은 어떻게 해야 성공할 것인가를 알게 모르게 배우고 깨달은 사람들이다. 바로 그 점이 당신과 다른 점이다. 그래서 그들은 무일푼 알거지가 된다고 해도 몇 년 안에 재기할 확률이 매우 높다. 성공을 해본 사람들이 또다시 더 쉽게 성공하게 되는 이유가 바로 여기에 있다. 즉, 성공은 배울 수 있는 것이기 때문이며, 한 번만 배워놓으면 언제든 다시 탈 수 있는 자전거 타기처럼 성공도 그렇기 때문이다.

대부분의 사람들이 성공하지 못하는 절대적인 이유는 '성공하게 되는 방식'으로 일을 하지 않으면서 성공을 기대하기 때문이다. 성공을 기대하고자 한다면 성공하게 되는 방식대로 일을 해야 한다. 하지만 대부분의 사람들은 성공하지 못하는 방식대로 일을 한다. 더 큰 문제는 성공을 배운 사람들이 아닌 이상 성공하게 되는 방식을 정확하게 알지 못한다는 것이다. 성공하게 되는 방식은 성공을 배우고 관리하고 경영할 줄 아는 사람들만이 깨닫고 실천하는 방식이기 때문이다.

자! 이제 당신이 어떤 사람이든, 성공을 배우고 경영하게 된다면 성공하게 되는 방식을 깨닫게 될 것이고, 그로 인해 일하는 방식이 달라질 것이다. 그리하여 당신은 어제와 다른 결과를 기대하게 될 것이고, 그리하여 당신의 기대를 저버리지 않을 것이다.

이것은 그저 '생생하게 꿈을 꾸면 이루어진다'는 따위의 허황된 이야기가 아니다. 정확한 인과의 법칙에 따르는 성공의 원리에 관한 이야기이다.

한 가지만 명심하자.

"성공은 누구나 할 수 있는 것이다. 그러므로 당신도 할 수 있다."

이제 이 책을 통해 당신도 할 수 있는 그 성공에 대해 배우고, 혁명하고, 예측하고, 경영하는 방법에 대해 속속들이 파헤쳐보자.

차례

제3장 크고 담대한 목표를 가지고
성공을 경영하라

C O N T E N T S

제5장 최상의 선택을 하고
끈기 있게 성공을 실천하라

변혁의 시대에는
'배우려는 사람'들이 세상을 물려받게 되어 있다.
이미 배운 것으로 만족하는 사람들이,
더 이상 존재하지 않게 된 세상에
스스로 가장 적합하다고 착각하는 동안에⋯⋯.

_에릭 호퍼 Eric Hoffer

제1장

성공을 배우고
세상을 지배하라

"성공의 비결은 목적의 불변에 있다. 하나의 목표를 가지고 꾸준히 나아간다면 성공한다. 그러나 사람들이 성공하지 못하는 것은 처음부터 끝까지 한길로 나아가지 않았기 때문이다. 최선을 다해서 나아간다면 만물을 뚫고 굴복시킬 수 있다."

– 벤저민 디즈레일리

01

성공은
자전거 타기와 같다

'성공한 리더는 독서가이다 All leaders are readers.'

'지도자 leader 가 되고 싶다면, 독서가 reader 가 되어야 한다.'

이 말들을 한 번쯤은 들어보았을 것이다.

그렇다면 왜 성공한 모든 리더는 독서가일까? 지도자가 되고 싶다면 왜 독서가가 되어야 하는 것일까? 그것은 독서를 통해 과거에 성공했던 인물들이나 현재 성공을 거두고 있는 사람들을 만나볼 수 있기 때문이다. 독서를 통해 그들이 성공했던 방법과 원칙과 비결을 어느 정도는 배울 수 있기 때문이다. 즉, 독서를 통해 이미 성공한 그들의 성공 비법이나 성공의 원리나 속성들을 일정 부분 배울 수 있으므로 독서를 하지 않는 사람보다 훨씬 더 유리한 조건을 갖출 수 있는 것이다.

한 번도 서울에 가보지 않은 사람보다는 한 번이라도 서울에 가본 사람이 더 쉽게 서울에 갈 수 있다. 그리고 실제로 한 번도 서울에 가보지 않았던 사람이라도 지도나 내비게이션이 있다면 어렵지 않게 서울에 갈 수 있다.

독서를 한다는 것은 결국 지도를 본다는 것과 일맥상통한다. 그런데 인생에는 한두 가지 문제나 목표만 존재하는 것이 아니므로 다양한 분야의 책을 통해 다양한 경험과 사고력을 쌓는 것이 중요하다.

결국 '성공한 리더는 독서가이다'라는 말이 우리에게 제시해주는 중요한 사실은, 성공한 리더들은 독서를 통해 성공한 사람들을 배우고 접하는 동안 자신도 알게 모르게 성공을 어느 정도 배우고 경영한 사람들이었다는 점이다.

이처럼 성공은 배울 수 있는 것이다. 성공은 자전거 타기와 같은 것, 하지만 성공이 자전거 타기와 다른 한 가지 차이도 엄연히 존재한다. 그것은, 자전거 타기는 자전거, 즉 물질에 대한 것인 반면에 성공은 반드시 자신에 대한 것이라는 점이다.

이러한 차이가 그토록 우리를 어리석게 만들어, 마치 성공이 배울 수 없고 예측 불가능하며 경영할 수 없는 우리 능력 밖의 것이며 우리가 관리할 수 없는 것이며 운에 맡겨야 하는 것이라고 굳게 믿게 만든다. 또한 이러한 차이로 인해 수많은 사람들이 성공 또한 배울 수 있고 예측 가능하며 경영 가능한 것이라는 사실을 깨닫지 못하게 되는 것이다.

물질이나 사물에 대한 것과 바로 자기 자신에 대한 것이 똑같이 배우는 것임에도 왜 이렇게 큰 차이가 있는 것일까? 그것은 물질이나 사물은 쉽게 관리할 수 있고 예측 가능하지만, 자기 자신은 쉽게 관리할 수 없기 때문이다.

이런 점을 가장 잘 설명한 사람은 실존주의 철학자 하이데거이다.

사람에게는 세 가지 고민이 있다. 첫째는 물질에 대한 것, 둘째
는 사람에 대한 것, 셋째는 자신에 대한 것이다. 사람은 누구나 물
질, 즉 돈을 벌려고 한다. 그것에 성공하면 다음으로는 사람을 자
기 마음대로 지배하려고 한다. 만약 그것도 성공하면 그때부터는
자신에 대해 고민한다. 첫 번째 고민을 푸는 자는 간혹 있다. 두
번째 고민을 푸는 자는 더욱 드물게 간혹 있다. 그러나 세 번째 고
민은 아무도 풀지 못한다.

이 말의 핵심은 자기 마음대로 자신을 지배하고 관리하는 것이
무척이나 힘이 들고 어렵다는 것이다. 자신의 인생을 자신이 마음대
로 지배하고 관리할 수 있는 사람은 거의 없다는 것이다. 그의 말을
토대로 하여 따져보면, 자기 인생의 최대 목표를 행복이나 성공에 두
는 사람에게 있어서 가장 큰 바람은 바로 성공하고 행복한 삶을 사
는 것인데, 그렇게 자신에 대한 삶의 목표를 이루는 사람은 아무도
없다는 것이다.

하지만 그의 개념은 현대로 오면서 수많은 자기계발 저자들이 등
장시킨 새로운 이론에 의해 이제 설 자리를 잃었다. 자신의 인생을
충분히 걸작으로 만들 수 있으며, 그 방법과 이론을 제시한 책들이
차고 넘치게 되었다. 덕분에 지금의 인류는 그 어떤 시대보다 많은
수의 억만장자들, 즉 성공한 사람들로 넘쳐나게 되었다.

성공도 자전거 타기와 같이 그 방법을 배우면 성취가 가능하다. 그리고 그러한 성공하는 법 중에 하나가 성공학 강사 브라이언 트레이시의 '성공 시스템'이다.

그는 자신의 저서 『잠들어 있는 성공시스템을 깨워라 Maximum Achievement』에서 성공과 행복도 체계적으로 배워야 한다는 사실을 강조했다. 그는 시스템의 중요성에 대해 다음과 같이 말했다.

우리에게 필요한 것은 바로 시스템이다. 배운 것을 통합할 수 있는 시스템이 없다는 것은 전체를 보여주는 그림 없이 조각 맞추기 게임을 하는 것과 같다. 대부분의 경우 시스템이 전혀 없는 것보다 좋지 않은 시스템이라도 있는 것이 낫다. 중요한 것은 시스템을 배우고 난 다음에 자신이 원하는 결과를 얻을 때까지 꾸준하게 그 시스템을 적용해야 한다는 것이다.

어렵고 복잡한 것을 배워서 완전히 자기 것으로 만들고 싶으면, 자신보다 먼저 그것을 통달한 사람을 찾아 그 사람의 모든 것을 배워야 한다. 법률이든, 의학이든, 공학이든, 비즈니스든 이것은 어디에나 적용된다. 인간관계, 행복, 건강, 부, 마음의 평화도 마찬가지다. 되고 싶은 것, 갖고 싶은 것, 하고 싶은 것 모두가 학습과 성실한 노력을 통해 이루어진다. 그러나 그러기 위해서는 시스템이 있어야 하고 시스템을 꾸준히 적용해야 한다.

그는 말한다. 학습과 성실한 노력을 통해 되고 싶은 것, 갖고 싶은 것, 하고 싶은 것 모두를 이룰 수 있다고. 하지만 그렇게 하기 위해서는 반드시 시스템이 있어야 하고, 그 시스템을 꾸준히 자신에게 적용시켜야 한다고 전제한다.

자전거 타기의 간단한 시스템은, 자전거를 탄 후 자전거가 넘어지기 전에 페달을 밟아 앞으로 나아가야 하고, 그럼으로써 균형을 유지하여 지속적으로 자전거 타기에 성공하게끔 되어 있다. 이와 마찬가지로 성공 시스템은 우리가 성공을 향해 나아갈 때 넘어지지 않고 지속적으로 균형을 잡을 수 있게 해준다.

자전거를 탈 때 가장 중요한 것은 균형을 잡아서 넘어지지 않는 것이다. 성공 시스템에서도 가장 중요한 것은 마음의 평화를 통해 인생의 균형을 잡는 것이다.

이 마음의 평화는 우리가 배우고 성취하는 다른 모든 것에 커다란 영향을 미친다. 마음의 평화는 우리들을 넘어지게 하는 분노, 의심, 죄의식, 불만, 걱정 같은 파괴적인 감정에서 완전히 벗어나게 해준다. 또한 그러한 것들에서 완전히 벗어났을 때 더욱 더 잘 느낄 수 있는 것이기도 하다.

성공 시스템에서 필자가 가장 핵심이라고 생각하는 것은 '통제의 법칙 The Law of Control'이다. 이 법칙은 '자신이 삶을 제어하고 있다고 생각하게 되면 스스로에 대해 긍정적인 느낌을 갖게 되고, 삶을 제어하지 못하고 있다고 여기거나 외부의 어떤 것이 자신의 삶을 제어한다고 생각하게 되면 스스로에 대해 부정적인 느낌을 갖게 된다'는 것이다.

이것은 우리가 성공을 배울 수 있다고 생각하느냐 그렇지 않느냐에 따라 전혀 다른 삶을 살 수 있다는 사실을 의미하기도 한다.

브라이언 트레이시가 제시하는 12가지 성공 시스템을 간단히 정리하면 이렇다.

1단계 : 강렬하고 불타는 바람을 갖는다.

2단계 : 확고한 믿음을 갖는다.

3단계 : 종이에 기록한다.

4단계 : 목표 달성 후 얻게 되는 유익한 점을 모두 기록한다.

5단계 : 현재 나의 위치, 즉 출발점을 분석한다.

6단계 : 기한을 정한다.

7단계 : 극복해야 할 장애물의 목록을 만든다.

8단계 : 목표 달성에 추가로 필요한 정보를 파악한다.

9단계 : 앞으로 도움과 협력을 얻어야 할 사람들의 명단을 작성한다.

10단계 : 계획을 세운다.

11단계 : 시각화를 활용한다.

12단계 : 어떤 일이 있더라도 결코 포기하지 않겠다는 결심을 한다.

그리고 무엇보다 자신의 인생에 대해 책임을 져야 하는 존재는 다름 아닌 바로 자기 자신이라는 사실을 명심해야 한다. 책임감을 느낄 때 우리는 그것을 통제하고 개선하려고 노력한다. 그러한 통제감은 우리로 하여금 수동적인 삶이 아닌 능동적이고 주도적인 삶을 살 수 있게 해준다.

로버트 프로스트는 '가지 않은 길 The Road not Taken'이라는 시를 통해, 자신의 인생을 극적으로 변환시킨 것은 남들이 가지 않은 길을 선택하여 그 길을 갔기 때문이라고 노래했다. 그가 노래한 '남들이 가지 않은 길'이 바로 남들은 알지 못하는, 성공으로 가는 성공의 길인 것이다.

가지 않은 길

노란 숲속에 두 갈래 길이 있었습니다.
나는 두 길을 다 가지 못하는 것을 안타까워하며
오랫동안 서서 한 길이 굽어 꺾여 내려간 데까지,
바라다볼 수 있는 데까지 멀리 바라다보았습니다.

그리고 똑같이 아름다운 다른 길을 택했습니다.
그 길에는 풀이 더 있고, 사람들이 걸은 자취가 적어,
아마 더 걸어야 할 길이라고 나는 생각했던 게지요.
그 길을 걷다 보면, 그 길도 거의 같아질 것이지만.

그날 아침 두 길에는
낙엽을 밟은 자취는 없었습니다.
아, 나는 다음날을 위하여 한 길은 남겨두었습니다.
길은 길에 연하여 끝없으므로
내가 다시 돌아올 것을 의심하면서……

오랜 세월이 지난 후 나는 어디에선가
한숨을 지으면서 이야기할 것입니다.
숲속에 두 갈래 길이 있었다고,
나는 사람이 적게 간 길을 택하였다고,
그리고 그것 때문에 모든 것이 달라졌다고.

한 가지 분명한 사실은, 성공을 배우고 관리하고 예측하는 방식
은 확실히 사람이 덜 다닌 길에서 얻을 수 있다는 것이다. 당신의 인
생을 완전히 바꾸어놓을 수 있는 길은 타인이 덜 다닌 길, 즉 성공
을 배우고 경영하는 길이라고 필자는 생각한다.

성공은 자전거 타기와 같다. 그러므로 배우도록 하자. 제대로만 배
운다면 누구나 할 수 있다는 것이 필자의 결론이다.

02 통제력을 가지고 성공의 지도를 펼쳐라

당신은 당신의 업무와 직장에서 CEO인가? 그것이 전부인가? 아니면 또 다른 무엇에서 CEO인가? 혹시 당신은 자신의 CEO라고 할 수 있는가?

성공을 배운다는 것은 스스로의 CEO가 된다는 말과 같다. 삶은 연속적인 배움과 적용의 과정이다. 그런데 정작 우리가 배워야 하는 것 중에 가장 중요한 것은 자기 자신의 CEO가 되는 것이다. 학교 공부나 그 어떤 다른 기술에 대해 아무리 많은 것을 배웠더라도 자기 자신에 대한 CEO가 되는 것을 배우지 못했다면, 당신은 아무리 성공해도 자신의 삶을 제대로 통제하고 있다는 느낌을 갖지 못할 것이다. 느낌을 갖지 못할 뿐만 아니라 실제로 당신의 삶은 통제가 되지 않고 있다.

우리가 진정 성공했다면, 어째서 우리의 삶이 이렇게도 통제 불능인가에 대해 우리는 그저 운명이라고 치부해버릴 수도 있다. 어쩌면 그저 인생이란 어차피 마음대로 되는 것이 하나도 없다는 통념에 사로잡혀 살아가는 것인지도 모른다.

하지만 우리가 분명하게 명심해야 할 한 가지는 우리는 우리 인생의 CEO가 될 수 있다는 것이며, 누구나 노력을 통해 그것이 가능하다는 사실이다. 인생의 CEO가 된다는 것은 가장 본질적으로 성공적인 인생을 살아가는 방법을 배운다는 것이며, 행복하고 균형 잡힌 삶을 살아가는 방법을 배운다는 의미이다.

위대한 영웅들은 '길이 없다면 길을 만들 것'이라고 말했다. 우리에게 놓여 있는 문제 역시 성공을 배움에 있어서 그 어떤 길도 존재하지 않는다는 것이다. 즉, 우리가 창조하고 만들어야 한다는 것이다. 우리가 그렇게 해야 하는 가장 큰 이유는 지금까지 대부분의 사람들은 성공하기 위해 노력했고 자신의 삶을 헌신했고 자신을 뛰어넘었지만, 성공을 제대로 배우고 예측하고 경영하지는 않았기 때문이다.

어떤 이는 남들보다 지독하게 일을 했고, 그 결과 남들보다 좀 더 나은 보수와 지위를 얻게 되었다. 하지만 남들보다 좀 더 나은 보수와 지위를 얻었다고 해서 이 사람이 성공을 배웠다거나 성공을 제대로 예측하였다거나 성공을 경영했다고는 할 수 없다.

서울이라는 목적지를 두고 지도 한 장 없이 그저 여기저기를 헤매다가 운이 좋아 우연히 도착하는 사람과, 확실한 지도를 근거로 하여 자신이 지금 어디를 가고 있는지를 정확히 체크하면서 언제쯤 도착할 것인지를 예측하고 관리하며 목적지에 도착하는 사람을 똑

같다고 할 수는 없기 때문이다.

당신은 성공한 사람인가? 아니면 아직 성공하지 못한 사람인가? 당신이 어떤 사람이든 상관없다. 지금부터 정확히 성공을 관리하고 배우고 예측하면서 성공을 향해 나아가는 사람이 된다면 성공은 이제 시간문제에 불과한 것이 되고 만다.

성공을 배운다는 것은 없는 길을 만들어가는 것이고, 스스로 CEO처럼 생각하고 행동하는 것이다. 마치 구본형씨가 말한 것처럼 말이다.

> 직장인은 죽었다.
> 더 이상 전통적인 의미의 직장인은 존재하지 않는다.
> 당신 안에 있는 조직 인간적 속성을 제거하라.
> 스스로 CEO처럼 생각하고 행동하라.
> 그리하여 그대, 스스로를 고용하라.

이것은 그의 저서 『그대 스스로를 고용하라』의 핵심 내용이다.

그렇다면 우리가 우리 스스로를 고용하면 무엇이 좋아지는 것일까? 바로 자신에 대한 통제력을 갖게 된다. 통제력을 가지게 된다는 것이 왜 그토록 중요한 것일까? 그것은 통제력이 곧 그 어떤 것으로도 대체할 수 없는 힘과 에너지이기 때문이다.

빌 게이츠는 세상에서 가장 부유한 사람 중 한 명이다. 그가 '부'

라는 힘과 에너지를 꾸준히 유지하고 있는 이유는 돈이 많아서가 아니라 지식 프로세스에 대한 통제력을 장악하고 있고, 관리하고 있고, 예측할 수 있기 때문이다. 즉, 그가 거대한 농장이나 엄청난 공장을 가지고 있어서 세계적인 부자로 꼽히는 것이 아니라 통제력을 가지고 있을 뿐만 아니라 그것을 관리하고 예측하고 경영할 능력이 있기 때문이다.

이같은 사람들이 적지 않다. 그중 한 명이 바로 워런 버핏이다. 그는 엄청난 돈을 가지고 있어서 세계 최고의 부자인 것이 아니다. 그것보다 그가 가진 최고의 부는 주식에 대한 통제력과 주식을 관리·경영하고 예측할 수 있는 능력이라고 할 수 있다. 그의 통제 능력, 예측 능력, 관리 능력이 남들보다 월등하기에 그는 주식시장에서 지속적으로 성공할 수 있는 것이다.

성공을 배우고 관리할 수 있는 사람은 자신의 인생에 대한 통제력을 갖게 된다. 그러한 통제력은 인생을 성공적으로 살아갈 수 있게 해주는 최고의 힘과 능력이 된다.

이러한 사실을 외면하고 대부분의 직장인들과 성인들은 자기계발을 위해 영어를 비롯한 어학을 공부하고, 컴퓨터를 배우고, 전문 분야를 익히고, 자격증이나 스펙을 쌓기 위해 노력한다. 하지만 이런 것들을 아무리 많이 하고, 잘한다 해도 절대 자신의 인생에 대한 통제감을 느낄 수는 없다. 그리고 무엇보다 인생을 성공적으로 살아가는 것과는 아무 관련이 없다.

03 나를 버리는 것이 배움의 첫걸음이다

　성공을 배우는 데 있어서 가장 큰 걸림돌은 바로 자기 자신이다. 그것도 정확하게 말하자면 어제까지의 나 자신이다. 어제의 나 자신을 버리지 않는다면 우리는 절대로 성공을 배울 수 없다. 성공을 배운다는 것은 새로운 자신을 창조해낸다는 것과 본질적으로 일맥상통한 것이기 때문이다.

　20세기의 인도 철학자 아난다 쿠마라스와미는 이런 말을 했다.

　"존재를 그만두지 않고는 어떤 생명도 한층 높은 차원의 존재로 승화할 수 없다."

　이러한 철학은 그 본질적인 의미에서 결국 현대의 수많은 경영자들이 한 목소리로 외치고 있는 '파괴적 창조'와 뿌리가 같다고 할 수 있다.

　동양의 철학자인 장자 역시 이와 비슷한 개념의 말을 했다.

　"과거를 죽이지 않으면 새로운 현실은 없다. 잃어버리면 얻을 것이다. 장님이 되어라, 그러면 보일 것이다. 집을 떠나라, 그러면 집에 도착할 것이다. 한마디로 말해서 죽어라, 그러면 살게 되리라."

어제의 자신을 버리고, 과거를 죽이고, 존재를 그만두는 죽음은 한마디로 '파괴적 창조'이다.

새로운 것을 배우기 위해 우리가 가장 먼저 해야 할 것은 버리고, 죽이고, 떠나는 것이어야 한다. 과거와 결별하고, 어제의 나와 결별하라. 그것이 성공을 배우는 첫걸음이다.

과거와 결별하지 않고, 어제의 나를 버리지 않은 채 성공을 배우고자 하는 사람들은 그것이 불가능하다는 사실을 깨닫고 좌절하게된다. 하지만 그 좌절과 실망의 주체는 다름 아닌 어제의 자신이며 자신이 살아왔던 과거라는 사실을 알아야 한다.

필자가 좋아하는 문장 중 하나가 바로 '크게 버려야 크게 얻는다'이다. 그동안 살면서 필자는 크게 버린 것이 없었다는 사실을 깨달았다. 그리고 바로 그 이유 때문에 크게 성공하지 못했음도 알게 되었다. 그렇게 뼈저리게 후회한 후 필자는 크게 버리기 시작했다.

3년 동안 돈을 벌 수 있는 기회를 버렸다. 3년 동안 돈 한 푼 벌지 않고 도서관에 틀어박혀서 책을 읽고 또 읽었다. 세상의 모든 인간관계를 버렸다. 마치 산속에서 도를 닦는 사람처럼 말이다. 세상적인 성공과 물질에 대한 욕심을 버렸다. 필자의 피와 골수에 흐르는 것과 영혼을 빼고 버릴 수 있는 모든 것을 버렸다. 그렇게 크게 버렸더니 4년째 되는 해에 기적처럼 큰 것을 얻게 되었다. 바로 성공이었고,

새로운 인생이었다.

세상만사가
나에겐 진부하고, 짜증스럽고,
무익한 허섭쓰레기로 보이는구나.
싫구나, 참으로 싫구나.
자라서 씨앗을 맺을 이 잡초투성이의 뜰이.

『햄릿』1막 2장에 나오는 이 말처럼 필자에게 세상만사가 이럴 때가 있었다. 그때는 아주 작은 것도 아까워하고 버리려 하지 않고 손아귀에 꽉 잡고 있었다. 그때는 세상 모든 것이 진부하고 짜증스럽고 무익한 허섭쓰레기 같이 보였다. 하지만 크게 버리려고 하자, 심지어 어제의 자신까지도 버리려고 하자 세상만사가 전부 새롭고 놀랍고 유익한 것들로 여겨졌다.

이 사실을 경험해보라. 이 사실보다 더 중요한 사실은 크게 버리자 오히려 더 큰 것을 얻게 되었다는 것이다. 작은 것을 버리려 하지 않았을 때는 작은 것도 얻기 힘들었지만 크게 버리자 크게 얻을 수 있게 되었다.

아이러니하게 들리겠지만 크게 성공하고자 하는 사람이라면, 그리고 크게 성공을 배우고자 하는 사람이라면 성공하고자 하는 욕심과 성공에 대한 집착을 먼저 버려야만 한다. 욕심과 집착에서 비롯되어 크게 성공하는 사람이나 기업은 이 세상에 존재하지 않기 때문이다. 물론 일시적으로 그리고 단기적으로 성공을 거두는 것은 가능할 수 있겠지만 그것은 어디까지나 일시적이고 단기적이다.

욕심과 집착으로 가득 차 있는 사람을 보면 왠지 거부감이 생기고 혐오감이 든다. 하지만 뜨거운 꿈을 가지고 열정과 용기로 충만한 사람은 왠지 멋있어 보이고 호감이 간다. 바로 이것이 우리가 성공을 배워야 하는 이유이다.

성공을 배운다는 것은 열정과 용기를 가지고 뜨거운 꿈을 향해 나아갈 수 있는 방법을 배운다는 것과 일맥상통한다. 이것은 성공에 대한 욕심이나 집착과는 전혀 다른 성질의 것이다. 하나는 뜨거움이고 다른 하나는 더러움이기 때문이다.

연탄재 함부로 발로 차지 마라.

너는

누구에게 한 번이라도 뜨거운 사람이었느냐?

안도현 시인의 '너에게 묻는다'라는 시이다.

우리 자신을 피가 끓을 정도로 뜨겁게 만들면 누구도 함부로 발로 차지 못할 존재가 될 수 있다. 하지만 단 한 번도 뜨겁게 인생을 살아보지 않은 사람은 스스로 자기 인생의 가치를 낮추는 것과 다를 바 없다.

뜨겁게 인생을 산다는 것은 자기 자신을 완전하게 불태우고 연소시키는 사람이 된다는 의미이다. 그것은 또한 자신을 버린다는 것과 다를 바 없다. 과거의 자신과 자신의 과거를 모두 불에 태워 연소시키는 것은 자신을 버리는 것과 같은 행동이기 때문이다.

그런 점에서 열정을 가지고 살아가는 사람은 어느 정도 성공적인 삶을 영위할 수 있는 최소한의 조건을 갖추었다고 말할 수 있다. 그리고 그들이 열정과 뜨거움을 통해 제대로 된 성공을 배우고 나면 훨씬 더 크고 확실한 성공의 길을 갈 수 있게 된다는 사실에 대해서는 조금도 의심의 여지가 없다.

'무엇을'이 아니라 '어떻게'가 맞는 질문이다

『열정과 기질 Creative Mind』의 저자 하워드 가드너는 현대를 창조한 20세기의 기라성 같은 창조적 거장들의 삶을 통해 창조성의 조건을 면밀히 분석했다. 그가 우리에게 제시하는 교훈들 중에 필자가 가장 중요하다고 생각하는 말이 있다.

'누가 비범한가?'라는 질문은 잘못된 것이다.
'어디에 비범성이 있는가?'라고 물어야 한다.

이 문장은 두 가지를 의미한다. 특정한 누군가가 비범한 것이 아니라 모든 사람이 다 비범함을 가지고 있다는 의미가 그 하나요, 모든 사람이 동일한 분야에서의 비범성을 동일하게 가지고 있지는 않다는 것이 나머지 하나이다. 다시 말해서, 사람마다 비범성을 가진 분야가 각기 다를 수 있다는 의미이다.

필자는 이 말을 통해 영감을 얻었다. 성공을 배운다는 것은 '무엇'을 배운다는 것이 아니라 '어떻게'를 배운다는 것을 의미한다는 것 말이다.

성공을 배운다는 것은 기술이나 학문처럼 어떤 것을 익힌다는 것이 아니다. 성공을 배운다는 것은 어떻게 살아가고, 어떻게 성공하고, 어떻게 관리하고, 어떻게 경영할 것인가를 배우는 것이다. 그 주체가 바로 우리 자신이기 때문에 '무엇을' 배워야 한다는 것은 어불성설이다. '어떻게' 살아갈 것인가를 배운다는 것이 성공을 배운다는 것이다. 그래서 잘 살아가게 된다면 그것이 바로 성공적인 삶이 되기 때문이다.

성공할 사람과 성공하지 못할 사람은 애초부터 정해져 있지 않다. 우리 모두는 백지 상태로 태어났다. 하지만 살면서 우리들 중에 누구는 그 백지를 성공이라는 색깔로 가득 채우고, 누구는 실패와 무기력이라는 색깔로 채우게 된다. 그 누구도 우리에게 그것을 강요하거나 주문하지 않았다. 우리 스스로가 색깔을 선택했을 뿐이다. 달라진 것이 있다면 백지 상태의 인생이라는 종이에 전혀 다른 것들이 채워진 두 사람이 있다는 것이다.

하지만 이 두 사람 모두 지금까지 자신들이 경험했던 성공이나 실패와는 비교도 안 될 정도의 크고 확실한 성공을 하게 되는 순간은, 그 종이를 다시 백지 상태로 되돌리는 순간에서 시작된다는 사실을 알아야 한다. 과거의 모든 것을 버리는 그 순간부터 우리는 비범한 사람, 성공할 사람으로서의 성공을 배우기 시작하게 된다.

모든 변화와 혁신의 시작은 자신을 버리는 것에서 시작되어야 한다. 혁신과 변화가 필요하다고 아무리 목소리를 높인다 해도 자신을 버리지 않고서는 제대로 된 변화와 혁신은 불가능하다. 아무리 예쁜 옷도 기존에 입고 있던 옷들을 다 벗은 후에야 입을 수 있듯, 변화와 혁신도 우리가 과거와 자신을 버려야 가능하다.

'어떻게'라는 질문에 대한 첫 번째 답은 바로 이것이다. 과거의 자신을 버려야 한다는 것, 과거의 자신과 결별을 선언하고 새로운 자신을 창조해나가야 한다는 것. 창조는 기존의 것을 파괴하는 것에서부터 시작되어야 한다. 파괴하지 않고 새로운 성을 쌓을 수 없듯이 과거의 자신을 파괴해야 새로운 자신을 창조할 수 있다.

성공을 배운다는 것은 무엇을 배운다는 것이 아니다. 어떻게 배울 것인가에 대한 문제이며 프로세스이다. 그것은 가장 놀라운 배움이 될 것이다.

지금까지 우리는 배운다고 하면 '무엇을'이라는 주제에 집중해왔다. 수학을 배우든, 과학을 배우든, 기술을 배우든 말이다. 하지만 성공을 배운다는 것은 말 그대로 성공에 대해서 배운다는 것이 아니라, 성공하는 방법에 대해서 배운다는 것이다.

그런 점에서 자전거 타기를 배운다는 것은 자전거에 대해서 배운다기보다는 자전거를 타는 방법에 대해서 배운다는 것이 좀 더 본질적인 의미라고 하겠다.

자전거 타기에 대해 실패하는 사람이 없는 이유는 자전거에 대해 배우지 않고 자전거 타는 방법을 집중하여 배우기 때문이다. 하지만 성공을 배우는 것에 대부분의 사람들이 실패하는 이유는 성공하는 방법에 집중하여 배우지 않고, 성공 자체를 배우는 데에만 집중하기 때문이다. 후자의 방법은 욕심과 집착이라는 부작용을 낳기도 한다. 전자의 방법에 대해 집중하고 배우는 사람은 성공을 얻는 것은 물론이요, 성공을 넘어서는 법도 자연스럽게 배우기 때문에 성공의 노예가 되지 않는다.

성공을 배운다는 것은 '무엇을'이 아니라 '어떻게'가 맞는 질문이며, 따라서 그것은 기존에 존재하지 않았던 자신을 창조해나가는 것이라고 할 수 있다.

미국에서 오랫동안 가장 존경받는 경영인이자 자신을 창조한 잭 웰치는 창조에 대해서 다음과 같은 말을 했다.

"나는 효율이라는 단어를 그다지 좋아하지 않는다. 내가 좋아하는 단어는 창조이다. 그리고 창조는 모든 사람이 다 중요하다는 믿음에서부터 비롯된다."

그의 말에서 배워야 할 중요한 한 가지 사실은, 모든 사람이 다 중요하다는 믿음이다. 모든 사람이 자신을 재창조할 수 있고, 그것이 곧 성공을 배우는 것이다.

05 자신이 되는 것이
남과 다르게 되는 길이다

진정한 성공이란 어제와 다른 자신을 재창조하는 것이다. 세상에 세뇌당했던 과거의 자신이 아니라 새로운 자신, 정말 자신다운 자신을 발견하고 가장 자신다운 자신이 되는 것이 바로 자신을 재창조하는 것이다.

19세기의 시인이자 소설가였던 오스카 와일드는 다음과 같은 명언을 남겼다.

"당신 자신이 되어라. 다른 사람 자리는 모두 찼다Be yourself, Everyone else is already taken."

우리가 지금까지 인생을 살아오면서 스스로 깨닫지 못하는 것 중 하나가 바로 우리 자신이 되지 못한 채 세상과 타인으로부터 세뇌당하고 영향을 받아서 다른 사람으로 살아가고 있다는 사실이다.

우리가 세상과 이 세상이 만든 시스템에 의해 세뇌를 당했다는 사실을 깨닫게 해준 사람이 있다. 바로 세계적으로 가장 영향력 있는 경영 구루 중 한 명인 세스 고딘이다. 그는 '누구도 대신할 수 없는 존재'를 다룬 자신의 명저 『린치핀LINCHPIN』에서 우리 모두는 평범하게 살라고 세뇌당한 사람들이라고 주장했다.

수백 년 동안 사람들은 교육을 통해 스스로를 시스템에 끼워 맞추도록 기만당하고 세뇌되었다. 사람들은 하루 노동을 하루 벌이와 맞바꾸는 시스템을 받아들였다. 이제 그 참혹한 시대의 종말이 바로 우리 눈앞으로 다가왔다.

당신 안에는 타고난 천재성이 잠들어 있다. 당신의 공헌은 가치있고, 당신이 창조한 예술 또한 값지다. 오직 당신만이 할 수 있는일이며, 또한 당신이 반드시 해야 하는 일이다. 지금 당장 일어나선택하라. 차이를 만들어보자.

그는 말한다. 우리 안에는 타고난 천재성이 잠들어 있다고. 그의 말대로, 우리 안에 있고 우리가 타고난 바로 그 천재성을 깨우는 것이 우리 자신을 재창조하는 일이며, 가장 자신다운 자신이 되는 방법이다.

우리가 어제와 다를 바 없는 평범함에서 벗어나지 못하고 평생을 살아가는 이유는 두 가지이다. 세상과 학교와 시스템에 의해 세뇌를 당했기 때문이고, 평범해지는 것이 안전한 길이자 좋은 길이라고 생각하도록 세뇌와 영향을 받았기 때문이다.

시키는 대로 열심히 공부해서 좋은 학교를 나오고, 좋은 직장에 취직하여 규칙을 준수하며 오랫동안 직장에 충성하는 것이 가장 좋은 인생이며, 그것에 만족하고 안주하라고 우리는 세뇌당하고 배운다. 그리고 그 결과 우리는 어제와 다를 바 없는 평범하고 지루한 삶을 살아가게 된다.

대부분의 사람들은 가난에 찌든 삶을 살아간다. 그런데 거기서 벗어나지 못한다. 우리들은 세상에 세뇌를 당해서 우리가 평범한 사람이라는 잘못된 인식을 사실처럼 배우게 되고, 그로 인해 배운 대로 평범한 삶을 살아가기 때문이다.

우리가 알게 모르게 세상으로부터 '평범하게 사는 삶'에 대한 기술을 배우면서 살아왔다는 사실을 자각할 수 있을까? 불편한 진실이지만 자각해야 한다. 대범하고 비범하게 살아갈 수 있는 당신이 평범하게 살아가는 삶의 길을 배우고, 자신이 평범한 인물이라는 잘못된 사실을 끊임없이 세뇌당하면서 살고 있는 것이다.

그러므로 우리가 비범한 인물이 되고, 성공적으로 사는 방법을 배우는 것 또한 가능하다. 지금까지 우리는 사회가 제시하는 모범을 내면화하고, 사회가 제시하는 평범함을 좇았다. 하지만 이제부터는 사회가 제시한 모범답안을 버리고, 자신의 내면과 영혼이 제시하는 기준을 좇아야 한다. 그것이 '어떻게'의 첫걸음이 될 것이다.

당신을 비롯하여 우리 모두는 천재로 태어났다. 당신과 우리 모두는 더 이상 세상과 학교와 기업과 자본주의라는 기계의 얼굴 없는 톱니바퀴가 아니다. 당신은 누구도 대신할 수 없는 천재성과 예술성과 재능을 내면에 지닌, 이 세상에 유일무이한 존재이다. 그러므로 당신 자신이 되는 길을 선택해야 한다. 그리고 그 방법을 배우고 익혀야 한다.

당신 자신이 되는 길이 중요한 이유는 그 길이 바로 남과 다르게 되는 유일한 길이기 때문이다. 그리고 그 길이 바로 당신을 주목할 만하게 해주는 유일한 길이기 때문이다. 무엇보다도 바로 그 길이 당신에게 성공과 행복을 가져다줄 유일한 길이기 때문이다.

이러한 사실에 대해 세스 고딘도 다음과 같이 말했다.

당신은 지금 꿈꾸는 직업이나 경력을 누릴 자격이 없다. 오랫동안 평범한 조직에서 평범하게 일하는 평범한 일꾼이 되기 위해 힘들게 배우고 노력했지만, 이제 사회는 튀는 사람이 되라고 요구한다. 규칙이 바뀐 사실을 뒤늦게 깨달을 것이다.

성공하는 유일한 길은 남들보다 '리마커블'해지는 것이다. 사람들 사이에 회자되는 것이다. 하지만 어떤 사람에 대해 이야기할 때 사람들은 무엇을 말할까? 제품처럼 기능이나 장점에 대해 이야기하지 않을 것이다. 입소문 전략도 통하지 않는다. 한 개인에 대해 이야기할 때 우리는 그들이 누구인지 이야기하지 않고 무슨 일을 하는지 이야기한다.

'남들과 다르다'는 이유만으로 꼭 필요한 사람이 되는 것은 아니다. 하지만 꼭 필요한 사람이 되는 유일한 방법은 남들과 달라지는 것이다. 남들과 다를 것이 없다면, 무수한 사람들 중 한 명일 뿐이기 때문이다. 자신의 가치에 걸맞는 것을 얻고 싶다면 무조건 튀어야 한다. 감정노동을 해야 한다. 꼭 필요한 사람처럼 보여야 한다.

조직이든 사람이든 깊이 관심을 가질 수밖에 없는 상호작용을 만들어내 자신을 알려야 한다.

세스 고딘의 말처럼 성공하는 유일한 길은 남들보다 '리마커블'해지는 것이다. 그리고 꼭 필요한 사람이 되는 유일한 방법 역시 남들과 달라지는 데 있다. 그렇다면 우리는 어떻게 남들과 달라지고 남들보다 '리마커블'해질 수 있을까? 그것은 바로 '자기 자신이 되는 것'을 통해서 가능하다. 그 길만이 유일한 방법이다.

자전거 타기의 명수일수록 자전거와 자신이 한 몸이 되듯, 우리가 우리 자신이 되면 될수록 우리는 더욱 더 성공하게 된다. 우리 자신이 된다는 것이 내포하는 의미가 매우 많기 때문이다. 우리는 우리 자신이 됨으로써 남과 전혀 다른 유일한 존재로서의 자신을 재창조해낼 수 있고, 이 세상에 그 어떤 다른 사람과도 다른 '리마커블'한 존재가 될 수 있다.

자신이 된다는 것은 남과 차별화된, 즉 남과 다른 자신만의 특별함을 만들어낸다는 것을 의미한다. 세계적인 경영 컨설턴트 톰 피터스는 그러한 자신만의 특별함을 '브랜드'라고 말했다.

"당신이 곧 브랜드다. 당신을 고용하는 사람이나 당신에게 일을 맡기는 사람, 혹은 당신을 만나는 모든 사람이 당신의 고객이다. 당신의 노력 여하에 따라 당신이라는 고유 브랜드가 고부가가치 상품이 될 수 있다. 하지만 그 반대일 수도 있다."

그의 말대로 우리 자신이 곧 브랜드이다. 김연아 선수나 박태환 선수는 남들이 전부 좋은 대학을 가려고 공부에 매진할 때 자신의 길을 묵묵히 걸어갔다. 그 결과 그들은 자기 자신이 되었고 그 무엇과도 바꿀 수 없는 엄청난 위력의 브랜드를 만들었다. 김연아, 박태환이라는 이름 석 자는 이제 하나의 브랜드로서 가치 있는 특별한 존재가 되었다.

박지성 선수나 박세리 선수 역시 김연아나 박태환보다 앞서 자기 자신이 됨으로써 자신의 브랜드 부가가치를 극대화시켰다.

당신의 브랜드는 어떤가? 얼마나 큰 부가가치가 있는가? 당신이라는 브랜드가 별 부가가치 없는 평범한 브랜드라면 이유는 단 한 가지이다. 그것은 당신 자신이 되지 못했기 때문이다. 당신 자신이 되는 길을 발견하지 못했기 때문이다. 당신 자신이 되려고 하지 않은 채 타인을 쫓아갔고, 세상이 제시하는 틀 속에 자신을 가두어놓았기 때문이다.

우리는 세상의 틀 속에 갇혀서 그 틀대로 살아가야 할 존재들이 아니다. 세상의 틀을 바꾸고 혁신하고 이끌어야 할 존재들이다. 그렇게 하기 위해서, 그리고 그렇게 할 수 있는 존재가 되기 위해서 무엇보다 자기 자신이 되어야 하는 것이다. Be yourself!

최고의 목표를 설정하고
목표를 달성하는 사람으로 거듭나라

세상 모든 것이 그렇지만 성공 또한 그렇다. 성공도 해본 사람이 안 해본 사람보다 더 잘하게 되어 있다. 한 번이라도 성공을 해본 사람은 성공하는 방법과 그 길을 알게 되기 때문이다. 교과서에도 존재하지 않는 성공하는 방법을 배울 수 있는 가장 좋은 방법은 성공해보는 것이다. 그것도 직접, 스스로 말이다.

성공을 해본 사람이 더 잘 성공하게 되는 이유는 무엇일까? 그것은 성공해본 사람들은 목표가 중요하다는 사실을 깨닫기 때문이다. 따라서 최고의 목표를 설정할 수 있고, 그 목표를 달성할 수 있는 최적의 길과 방법을 생각해낼 수 있다. 목표에 맞추어 자신의 부족한 점을 보강할 줄도 알고, 자신의 시간을 활용할 줄도 안다. 인간관계를 폭넓게 형성할 수 있으며 자신의 지식이나 능력을 목표에 맞추어 향상시킬 줄 안다. 결과적으로 목표를 달성하는 사람으로 거듭나는 것이다. 이렇게 한 번 목표 달성에 성공해본 사람은 다음에 만나게 되는 큰 목표도 성취할 공산이 매우 높다.

이러한 현상의 해답은 우리 뇌 속에서 찾아볼 수 있다. 우리 뇌 속에는 강력한 신경 전달 물질이 분비되는데 '도파민'이 바로 그것이다. 알코올이나 니코틴에 한번 중독되면 그것에서 벗어나지 못한다. 자신의 몸이 망가져도 그것에 몰입하는 것이다. 매우 치명적인 상태를 초래할 수 있지만 한번 중독이 되어봤던 사람은 누구보다 더 쉽게 중독되고 만다. 물론 한 번도 중독되지 않았던 사람은 중독되는 것이 매우 힘이 든다.

마찬가지로 성공도 해본 사람이 더 잘하게 되는 것은, 성공했을 때 알코올이나 니코틴에 중독되는 것과 비슷한 반응이 뇌 속에서 일어나기 때문이다. 알코올이나 니코틴, 심지어 마약에 중독되면 그것들이 주는 즐거움을 끊임없이 갈망하게 되어 있듯이, 성공에 중독되면 우리의 뇌는 계속해서 성취감을 통해 도파민을 분비하고, 그것은 일종의 쾌감을 느끼게 해준다.

자신이 할 수 없었던 일을 해냈을 때 우리는 쾌감을 느끼고 짜릿해하며 즐거워한다. 도파민이 분비되기 때문이다. 그로 인해 우리는 그것을 한 번 더 느끼기를 갈망한다. 그 결과 우리는 온몸과 마음을 성공에 집중하게 된다. 인간이 집중하고 몰입할 때 안 되는 것은 이 세상에 없다.

성공해본 사람은 한 벗 맛본 강력한 성취감과 쾌감과 짜릿함과 즐거움을 다시 느껴보고 싶어진다. 그래서 또 다시 몰입하고, 집중하게 된다. 결국 다시 한 번 성공을 느끼고 나면 이 과정은 무한 반복된다.

성공과 성취감에 대한 반복적인 체험은, 알코올이나 담배 혹은 마약 같은 화학적 중독이 뇌에서 작용하여 우리에게 선사하는 쾌감이나 짜릿함보다 더 강력하고, 지속성이 있다. 그 결과 성공하면 할수록 우리의 뇌는 더욱 더 성공을 갈망하게 되는 것이다.

성공을 통해 쾌감과 짜릿함을 체험한 우리의 놀라운 뇌는 또 다시 그것을 경험하기 위해 더욱 더 쉽고 확실한 성공의 길을 우리에게 제시해준다. 마치 고성능 내비게이션처럼. 그 결과 우리는 처음보다 더 확실하고 효과적인 성공의 길을 찾아가게 된다. 그것은 무엇보다 우리 자신에게 큰 성공의 길을 깨닫게 해주고 발견하게 해준다. 그래서 다른 사람들이 도저히 생각도 못한 것들을 생각해내는 놀라운 능력도 생기게 되는 것이다.

이러한 과정을 통해 우리는 마침내 엄청난 성공을 하기에 이른다. 성공을 해본 사람들은 성공을 통해 배우게 되는 교훈들을 스스로 터득한다. 그들이 대부분 성공을 통해 얻게 되는 가장 중요한 성공에 대한 배움은 다음과 같은 것들이라고 할 수 있다.

명확한 목표를 설정하는 것.

매일 그 목표를 향해 나아가는 것.

자신이 반드시 해낼 것이라는 신념을 가지는 것.

실패를 두려워하지 않고 담대하게 모험을 즐기는 것.

목표를 향해 나아가는 과정에서 즐거움과 쾌감을 느끼도록 하는 것.

더 나은 미래를 위해 기꺼이 도전하는 것.

현실에 절대 안주하지 않는 것.

자신을 날마다 벼랑 위에 세우는 것.

편안하고 익숙한 것들과 결별하는 것.

성공을 해본 사람들은 이러한 것들의 중요성을 배우게 되고, 이러한 것들을 실제로 체험하게 된다. 그리고 이러한 것들이 성공하는 길을 열어주며 동시에 스스로에게 기쁨과 즐거움과 쾌감과 짜릿함을 선사해준다는 사실을 알게 된다.

하지만 더 중요한 사실은, 이러한 것들이 당신을 더욱 더 성공에 가까워지게 만들어준다는 점이다. 그 결과 이러한 것들을 통해 성공을 해본 사람들은 이러한 것들을 하지 않으면 살아 있는 것 같지 않고, 삶이 무미건조해지고, 재미없어지고 지루해진다는 사실을 알게 된다.

그들은 이러한 삶을 정말로 참아내지 못한다. 따라서 그들은 모험과 재미와 도전과 목표와 더 나은 미래가 있는 삶의 방법을 추구하게 된다. 결과적으로 그들은 아무리 실패하려고 해도 실패할 수 없다.

성공을 심은 사람은 성공을 거두고 실패를 심은 사람은 실패를 거두는 것이 이 세상의 진리이다. 위에 있는 배움들을 매일 실천하는 사람은 날마다 성공의 씨앗을 심는 것과 마찬가지다. 그 결과 그들은 당연히 성공이라는 열매를 얻는다.

실패의 씨앗을 심는 사람들은 자신도 모르게 그렇게 한다. 날마다 편하고 익숙한 일만을 하고, 위에서 시키는 것만 열심히 하고, 자신을 절대 벼랑 위에 세우지 않고 안전한 일만 하고, 더 나은 미래를 위해 일하기보다는 더 편한 현재를 즐긴다. 명확한 목표를 세우기보다는 눈앞에 당면한 일에 더 집중한다. 게다가 이러한 것들이 실패의 씨앗을 심는 것임을 그들은 절대로 깨닫지 못한다. 그들은 한 번도 성공의 쾌감을 느껴본 적이 없기 때문이다.

그렇게 성공과 성취감을 느껴보지 못한 사람들은 알게 모르게 배울 수 있는 성공에 대한 배움의 기회를 스스로 저버리는 결과를 낳는다. 결국 그들은 성공을 배우지 못하고, 그저 위에서 시키는 일만 열심히 하는 그런 평범한 사람으로 평생 살아가게 된다.

07 평범을 단호하게 거부하고 최고로 대우받는 삶을 소망하라

성공에는 분명한 법칙이 있다. 그것은 도전에서 시작한다. 도전하는 삶은 늘 새로운 기회를 제공하고, 새로운 시도는 항상 신선한 자극을 준다. 적당히 사는 인생은 적당한 대우밖에 받을 수 없다. 평범을 단호하게 거부하고 스스로 환경을 만들어 나가라. 자신이 가진 에너지를 전부 쏟아부어 일하라. 자신이라는 존재를 세상에 드러내고 내 인생을 일으켜 세우려는 강한 각오와 열의로 시작하라.

명품 인생을 만드는 공병호의 『10년 법칙』에 나오는 말이다. 필자가 좋아하는 말이기도 하다. 이 말은 필자에게 피를 끓게 만들었다. 이전에는 적당히 일하고, 적당한 직장에서 적당히 벌어서 적당히 살았다. 하지만 그것이 스스로를 평범하게 만드는 최악의 길임을 깨달게 되었다. 그 후로는 적당히 일하고 적당한 대우를 받는 삶을 거부하게 되었다. 최고로 일하고, 최고로 대우받는 삶을 소망했고, 추구했다. 적당한 것을 거부하며 살게 되자 성공과 매우 가까워졌고, 하는 일마다 성공을 경험하게 되었다.

성공 경험이 생기자 또 다른 성공은 첫 번째 성공보다 더 쉬웠다. 두 번째 성공보다 세 번째 성공은 더 쉬웠다. 이 사실을 깨닫게 되자 매우 놀라운 일이 벌어졌다. 그것은 성공 경험을 해본 사람에게 있어 성공이란 실패보다 훨씬 더 쉽고 재미있는 일이라는 사실에 대한 깨달음이었다.

빌 게이츠나 워런 버핏 같은 세계 최고의 갑부들에게서 그들이 가진 모든 인맥과 돈과 명성과 환경을 다 제거해버리고 길거리에 빈털터리로 내쫓아도, 그들은 몇 년 안에 엄청난 갑부가 될 것이다. 그 이유는, 그들이 가지고 있는 것 중 가장 중요한 것이, 어떻게 하면 성공하고 어떻게 하면 실패하는지에 대한 자신들의 성공 경험이기 때문이다. 쉽게 말해서, 그들은 성공하는 방법을 알고 있는 사람들이라는 것이다.

결국 그들은 빈털터리가 된다 해도 쉽고 빠르게 남들보다 더 크게 성공을 거둘 수 있다. 이와 대조적으로 평범한 사람들이 로또에 당첨되어 수십억 원 혹은 수백억 원이 생기는 경우, 그들은 몇 년 안에 파산 신청을 할 수도 있다. 즉, 평범한 사람들에게 갑자기 많은 돈이 주어진다고 해서 그들이 진정한 부자의 반열에 들어서거나 진정한 성공자가 되는 것은 아니라고 하겠다.

왜 그럴까? 평범한 사람들은 성공하는 방법을 모르기 때문이다.

그들은 성공에 대해서 제대로 배우거나 경영을 해본 적이 없기에 돈이 많이 생기거나 좋은 조건이 주어진다거나 훌륭한 환경을 만난다 해도 성공하기 힘들고, 운이 좋아 성공을 거두었더라도 유지하기가 힘든 것이다. 그만큼 성공의 경험은 매우 중요하다.

성공 경험이 있는 사람들이 더 많이, 더 쉽게, 더 자주, 더 크게 성공하게 되는 이유는 간단하다. 그들은 성공을 위해 여러 시행착오를 거치는 동안 성공에 대해 제대로 배우기 때문이다.

대기업을 일군 이들은 수많은 시행착오를 통해 성공을 배우고 성공하는 법을 온몸으로 익히면서 자신의 기업을 한 단계씩 키워나갔다. 즉, 이들은 성공을 배운 사람들이다. 그래서 이들이 경영하는 기업은 망하는 경우가 매우 적다. 그런데 이들의 뒤를 이은 후계자들은 성공을 배운 적이 없기 때문에 아무리 크고 좋은 기업을 물려받더라도 이내 도산하고 만다. 그들에게는 그 어떤 성공 경험도, 성공에 대한 배움도 없었기 때문이다.

가난한 사람들을 위한 놀라운 은행 그라민은행을 설립하여 가난한 이들이 스스로 삶을 바꿔갈 수 있도록 획기적인 도움을 준 무함마드 유누스는 말했다.

"사람은 누구나 기업가이지만 많은 사람이 그 사실을 발견할 기회를 얻지 못한다."

이 말은 성공 경험이 있는 사람이야말로 자신이 기업가의 자질을 충분히 가지고 있다는 사실을 발견할 기회를 얻은 사람이라는 의미이다. 따라서 그러한 기회를 얻은 사람은 기업가처럼 생각하고 행동하게 된다. 그러한 달라진 생각과 행동은 그를 더욱 기업가답게 만들어주고, 결국에는 성공적인 기업가가 되게 해준다.

바로 이런 이유에서 성공 경험이 있는 사람들은 그렇지 못한 사람들보다 훨씬 더 많이, 더 쉽게, 더 자주 성공을 경험할 수밖에 없는 것이다.

운에 의존하지 말고
제대로 된 방법을 배워라

　무엇인가를 남들보다 먼저 배운 사람에게는 그것만큼 쉽고 재미있고 가슴 설레게 하는 것도 없다. 그런 이유로 인해 그것을 남들보다 월등히 잘할 수 있게 된다.

　왜 잭 웰치가 경영을 잘하는 것일까? 이건희는 삼성을 물려받고 나서 어떻게 300배나 지속 성장시켰을까? 세종대왕은 어쩌면 그렇게 조선을 잘 통치했을까? 왜 빌 게이츠가 컴퓨터를 그렇게 잘 만들고, 마이크로소프트가 그렇게 승승장구하고 있는 것일까? 왜 스티브 잡스가 하는 일마다 대박이 나는 것일까? 어떻게 그는 아이폰과 아이패드를 만들었으며, 전 세계 사람들을 열광하게 만든 비결은 무엇일까? 도널드 트럼프는 빚을 1조 원 이상 지고서도 어떻게 부자가 될 수 있었던 것일까? 워런 버핏은 어떻게 해서 투자에 승승장구하는 것일까?

우리 주위를 봐도 그렇다. 전교 1등을 하는 학생들은 학년이 끝날 때까지는 물론이고 졸업을 할 때까지도 전교 1등을 유지한다. 그 비결은 무엇일까? 일등 기업은 1등을 지속적으로 한다. 그 이유는 무엇일까?

이 모든 질문의 대답은 딱 한 가지이다. 그들은 1등하는 방법을 배워서 알고 있기 때문이다.

모든 일에서 가장 중요한 것은 접근방법이다. 그들은 1등하는 방법, 1등을 하기 위해 자신의 일에 어떻게 접근해야 하는지를 제대로 알고 있다.

빌 게이츠, 스티브 잡스, 마크 주커버그 등과 같은 세계에서 가장 성공한 이들이 대학교를 중퇴하고 자신의 길을 갔던 이유는 무엇일까?

그들은 대학교에서 성공에 대해 배울 수 없다는 사실을 알아버린 몇 안 되는 사람들이기 때문이다. 그들은 대학교에서는 도저히 세계 최고가 되는 법을 배울 수 없다는 사실을 알았고, 대학교에 다니는 것이 시간 낭비라는 사실을 알게 되었다. 그래서 과감하게 굴레를 벗어났고 덕분에 그들은 성공을 배웠으며, 성공을 예측하게 되었고, 성공을 경영할 수 있게 되었다.

그런 점에서 보면, 그들이 "이 세상에 성공만큼 쉬운 것은 존재하지 않는다"고 말한 것도 과언이 아니다. 보라, 스티브 잡스는 자신이 세운 애플에서 쫓겨나는 시련을 당했지만 그는 여전히 또 성공을 거둔다. 왜 그럴까? 그는 성공을 배웠기 때문이다. 성공을 경영할 줄 알기 때문이다. 그는 성공을 예측 가능하다고 생각했고, 그것을 삶에 실천했다.

우리에게 필요한 것은 성공을 배우는 것이다. 성공을 배운 사람은 더 이상 실패의 늪에서 허우적대지 않아도 된다. 성공을 배운 사람에게는 성공만큼 쉬운 것도 없으니, 실패의 늪에서 허우적댈 이유가 없다.

도널드 트럼프는 은행에 1조 원이 넘는 돈을 빚진 적이 있었다. 우리가 그렇게 엄청난 빚을 진다면 과연 파산 신청을 하지 않고 버틸 수 있을까? 다시 부자가 된다는 것을 상상이라도 할 수 있을까? 그런데 그는 그 엄청난 빚을 1~2년 안에 다 갚고도 엄청난 부자가 되었다. 과연 그는 어떻게 엄청난 부자가 되기에 이르렀을까?

그것은 그가 성공하는 법을 알고 있었기 때문이다. 그는 돈을 버는 법을 알고 있었다. 그가 돈을 다 갚기 위해 하루 종일 엄청난 양의 땀을 흘리면서 열심히 일을 한 게 아니라는 것이다. 그는 다만 돈을 버는 법을 제대로 알고 있었을 뿐이다.

이런 점에서 성공을 배운 사람과 배우지 못한 사람의 차이는 하늘과 땅만큼 크다고 할 수 있다. 성공을 배운 사람은 땀 흘려 열심히 하지 않아도 성공하지만, 성공을 배우지 못한 사람은 아무리 땀 흘려 하루 종일, 1년 365일 열심히 일하고 또 일을 해도, 성공할 확률은 채 1%도 되지 않는다. 운이 좋아 평생 살면서 한두 번은 성공을 거둘 수도 있다. 하지만 그것은 운 덕분일 뿐 자신이 열심히 일해서 얻은 것은 절대 아니다. 이런 경우를 통해 사람들은 성공하기 위해서는 재능도 있어야 하지만, 운도 따라주어야 한다고 믿게 되는 것이다.

하지만 사과나무를 심고 사과라는 열매를 얻게 되는 것, 농사를 지어 쌀을 수확하는 것이 운이라고 할 수 있을까? 자연의 법칙이라고 해야 더 맞지 않을까? 물론 중간에 천재지변이 일어난다면 사과나무가 꺾이거나 뿌리째 날아갈 수도 있다. 하지만 이러한 예외의 경우는 극히 드물다. 이런 경우를 제외하고 봄에 농사를 지으면 가을에 추수할 것이라는 예측이 가능하고, 농사를 관리할 수 있다. 즉, 농사를 잘 짓는 사람은 어김없이 가을에 추수를 하게 되어 있다.

농사를 잘 짓지 못하는 사람, 즉 농사짓는 법을 전혀 배우지 못한 사람들이 무인도에 살게 되었다고 가정해보자. 그들은 농사짓는 법을 배운 적이 없기 때문에, 이렇게도 해보고 저렇게도 해보면서 많은 시행착오를 거치면서 운이 좋으면 수확을 하게 될 것이다. 그렇게 한 번 수확을 하게 되면 그 과정을 잘 배우고 익혀 다음 해에도 또 다시 수확을 하게 될 것임은 자명하다. 즉, 관리할 수 있게 된 것이다. 하지만 운 좋게 한 번 수확을 하였지만 그 과정을 제대로 배우거나 익히지 못했다면 다음 해에도 운에 맡기는 농사를 짓게 될 뿐이다.

성공도 이와 마찬가지다. 정확히 성공을 배우고, 예측하고, 경영하고, 관리하는 사람은 운에 맡기지 않고 성공을 자주, 많이 할 수 있다. 하지만 성공을 배우지 못한 사람은 운에 맡겨야 하고, 매번 여러 가지 방법을 다 사용해봐야 한다. 따라서 그런 점에서 비효율적이며, 성공을 배운 사람과의 경쟁에서 도저히 이기지 못하게 되는 것이다.

워런 버핏은 투자를 통해 계속 돈을 벌고 있다. 그런데 투자하는 법을 제대로 모르는 사람들은 투자를 했을 때 운이 좋으면 돈을 벌 수도 있지만 계속 벌 수 있다고는 장담할 수 없다.

주식 투자자들 중에서도 제대로 투자를 배운 사람은 투자를 통해 지속적인 수익을 창출한다. 하지만 주식을 제대로 배우지 않은 사람은 주식을 하면 할수록 손해를 보게 된다. 그들의 수익을 결정하는 것은 그들의 투자가 아니라 운이기 때문이다.

수많은 사람들이 성공하려면 운이 따라야 한다고 말한다. 하지만 이렇게 말하는 사람들 대부분은 성공을 배운 적이 없는 사람들이다. 성공을 하려면 운이 따라주어야 하는 것이 아니라 천재지변 같은 변수만 생기지 않으면 된다는 것을 그들은 모른다. 즉, 성공하기 위해서는 행운이 따라야 하는 것이 아니라 불행만 없으면 된다.

성공을 배운 사람은 이러한 사실을 알기 때문에 자신의 성공을 확신한다. 그 결과 자신감과 여유가 넘쳐난다. 이번에 변수가 작용해서 성공하지 못한다 해도 다음에는 반드시 성공할 수밖에 없음을 그들은 안다. 변수란 그렇게 자주 발생하는 것이 절대 아니기 때문이다.

성공은 정확한 과학과 같은 것이다. 그렇기 때문에 성공을 배운 사람은 절대 조급해하지 않는다. 대나무를 심으면 정확히 5년 후에 땅에서 죽순이 나온다는 것을 알고 있는 사람은 3년밖에 지나지 않은 시점에 왜 죽순이 나오지 않느냐고 조급해하거나 안절부절못하지 않는다. 이와 마찬가지로 정확한 성공을 배운 사람은 절대 초조해하지 않는다.

봄이 지나고 여름이 지나야 가을이 온다는 사실을 아는 사람은 왜 봄 다음에 가을이 오지 않고 여름이 오냐고 불평하지 않는다. 성공을 배운 사람은 순리대로 성공이 올 때를 기다릴 줄 안다. 그렇기 때문에 여유가 있고, 자신감이 있고, 배포가 두둑한 것이다.

여름이 지나면 반드시 가을이 오는 것처럼 성공 또한 반드시 그렇다. 그렇기에 도널드 트럼프는 1조 1,476억 원의 빚을 지고도 당당하고 여유 있게, 다가오는 성공을 예측하고 준비하며 기대하고 경영할 수 있었던 것이다.

큰 성공을 거둔 사람들은 성공을 아는 사람들이다. 성공을 배운 사람들이기에 그들에게 성공은, 우리가 하늘의 별을 따는 것과 같은 기적이 아니라, 밤이 지나면 새벽이 오고 아침이 오듯 자연스러운 것이다. 즉, 그들에게는 성공이란 성공의 씨앗을 심어놓고 물을 주고 기다리면 열매를 거둘 수 있는 시간문제인 것이다.

성공을 배운 사람들에게 성공이란 독 안에 든 쥐와 같다. 언제든지 성공하겠다고 결심하면 독에 다가가서 독의 뚜껑을 열고 쥐를 잡을 수 있는 것과 마찬가지로 일정한 시스템을 통해 얻을 수 있는 것에 불과하다.

자전거를 탈 수 있는 사람은 언제든지 자전거를 탈 수 있다. 자전거 타는 법을 모르는 사람은 누군가 뒤에서 잡아주면 어느 정도 탈 수 있듯이, 성공을 배우지 못한 사람은 다른 사람, 다른 것들에 의지하여 약간의 성공은 할 수 있다. 그러나 그 성공은 오래가지 못할뿐더러 자신의 힘으로 거둔 성공이 아님은 두말할 나위도 없다.

09 성공의 70퍼센트는
학습 능력에 좌우된다

일본 제일의 부자 손정의 회장, 중국의 국부 마오쩌둥, 위대한 발명가 에디슨, 전쟁 영웅 나폴레옹 같은 위인들의 공통점을 딱 한 가지 들라고 하면, 바로 '엄청난 독서량'이다.

손정의 회장의 경우 3년 동안의 병상에서 3천 권 정도의 책을 독파했고, 마오쩌둥은 학교에 다니는 것을 포기하고 도서관에서 하루 종일 책을 먹어 치웠다고 한다. 에디슨은 도서관을 통째로 읽었을 정도라고 하며 나폴레옹 역시 지독한 분량의 독서를 한 인물이다.

이처럼 지독한 독서를 한 사람들은 지독한 업적을 달성해낸다. 그 비결은 무엇일까? 그것은 "책 속에 황금창고가 들어 있다"라는 옛말에서 찾아볼 수 있다.

중국의 전국시대부터 송대宋代까지의 시문을 송나라 황견이 책으로 엮은 『고문진보古文眞寶』에도 그 비결에 대해 한 마디로 설명해놓은 문장이 나온다.

"가난한 자는 책으로 말미암아 부자가 되고 부자는 책으로 말미암아 존귀해진다."

지독한 독서를 하는 사람들은 엄청난 독서량을 통해 엄청난 정보와 지혜와 다양한 사고의 확장과 의식의 전환을 경험하게 된다. 그러한 활동을 통해 성공이 무엇인지, 어떤 길이 성공적인 길인지, 어떻게 해야 성공할 수 있는지에 대해서도 어느 정도 배우는 것이다.

그래서 성공한 사람들을 보면, 그들이 반드시 명문대학교의 졸업장을 가지고 있지는 않더라도 반드시 엄청난 양의 독서를 하고 있다는 공통점이 있다. 이것은 절대 우연이 아니다. 독서를 통해 그들은 자신의 분야에서 성공으로 가는 길을 발견할 수 있었고, 성공에 대해 배울 수 있었으며, 성공하는 방법을 학습할 수 있게 되었다.

결론적으로 성공의 70%는 학습 능력에 좌우된다. 얼마나 많은 책을 읽을 수 있고, 그것을 통해 성공을 배울 수 있느냐에 따라 당신의 성공이 결정된다고 말할 수 있을 것이다.

책벌레들은 성공하지 못한다는 말이 있다. 그런데 책을 읽지 않는 사람들 역시 성공하지 못한다.

옛날 사람들이 말하는 책벌레들은 그저 책을 읽을 뿐, 많은 것을 자신의 삶에 승화시키고 체화시켜서 성공적인 삶의 밑거름으로 활용하는 학습 능력이 결여된 사람을 의미하는 것인지도 모른다. 즉,

세상적인 부귀에 욕심이 적은 사람들 말이다. 특히 과거에는 청빈清貧을 좋아하고 그것을 추구했던 사람들도 적지 않았다.

그러나 오늘날을 기준으로 말하자면, 책을 많이 읽은 사람 중에도 성공하지 못하는 사람들은 학습하는 능력이 부족한 부류라고 할수 있다.

지금처럼 물질주의가 우리의 삶과 가치관을 점령해버린 시대도 없었다. 지금 이 시대를 대표하는 인사말이 '부자 되세요', '대박 나세요'다. 그만큼 물질 만능 주의가 우리를 사로잡고 있다.

하지만 과거에는 물질 만능 주의보다는 효와 예를 중시했고, 도를 중시했다. 특히 우리의 선비들은 그랬다.

책을 읽고 자신의 사고와 의식을 확장하여 성장하는 사람이 있는 반면에 그렇지 못한 사람이 있다. 즉, 똑같이 수천 권의 책을 읽었지만 어떤 이는 그저 지식의 확장에 그치고 어떤 이는 사고와 의식의 도약을 이루어 최고의 삶을 살아가게 된다. 말 그대로 책을 통해 부자가 되고, 성공을 하고, 인생을 역전시키는 것이다.

이렇게 책을 통해 어떤 이는 성공에 이르는 길과 방법을 발견하고 배우는가 하면 어떤 이는 그저 표면적인 지식의 확장에만 그칠 뿐 인생이 나아지지 않는다. 이러한 차이를 가르는 것이 바로 학습 능력의 유무이다. 학습 능력의 유무는 독서를 통해 독서의 임계점을 돌파해냈느냐 돌파하지 못했느냐를 기준으로 나눌 수 있다.

인생역전 책 읽기 프로젝트를 주제로 한 도서 『48분 기적의 독서법』을 보면 독서의 임계점을 돌파해내는 데 필요한 독서 시간과 독서량에 대한 관계가 자세하게 설명되어 있다. 그리고 왜 똑같은 책을 읽어도 어떤 사람들은 인생이 혁신적으로 달라지고 인생역전에 성공하는데, 어떤 사람들은 그렇지 못한지에 대해서도 자세히 알려주고 있다.

결론적으로 볼 때, 책을 통해 인생역전에 성공하는 사람들은 학습 능력을 가지고 있거나 학습 능력을 터득한 사람들이다. 물론 처음부터 그런 능력을 타고나는 것은 아니다. 많은 책을 읽으면서 조금씩 연습하고 훈련하는 과정을 반복하면서 어느 순간 독서의 임계점을 돌파할 때 그러한 학습 능력은 한 단계 도약을 경험하게 된다.

독서의 임계점을 돌파하여 의식과 사고의 도약을 경험한 사람들은 학습 능력을 갖게 되어 어떤 사물이나 현상을 보았을 때 세상의 이치를 깨닫게 되고, 남들이 잘 생각하지 못하는 것을 생각해내고, 남들이 잘 보지 못하는 이면까지도 꿰뚫어볼 수 있게 된다. 한마디로 '문리文理가 트인 사람'이라고 하겠다.

성공하기 위해서는 '문리가 트여야 한다'는 옛말이 있는데, 학습 능력이 생긴 사람들은 문리가 트이게 되고, 그 결과 성공하게 되는 것이다. 결국 학습 능력이 성공을 결정짓는다고 하겠다.

현대에 가장 성공한 사람들을 대표하는 빌 게이츠, 스티브 잡스, 마크 주커버그 등은 모두 대학을 중퇴했다. 그들은 학벌에 얽매이기보다는 스스로 학습 능력을 갖추어나갔다. 이에 비추어볼 때 현대사회의 학습 능력은 새로운 시대의 새로운 성공 코드라고 해도 과언이 아니겠다.

결론적으로 말하면, 성공의 숨은 비결은 학습 능력이다. 이러한 학습 능력은 독서의 임계점을 돌파한 사람들에게서 쉽게 찾아볼 수 있다. 독서의 임계점을 돌파한 이들은 의식과 사고의 도약을 통해 문리가 트이게 된다.

10

변혁의 시대에는
배우려는 사람들이 세상을 지배한다

　길 위의 철학자로 불리는 미국의 사회철학자 에릭 호퍼는 우리가 살아가는 이 시대에는 자발적으로 성장하고 배우려고 하는 개개인의 의지와 창의력이 중요하다고 말했다. 초등학교 문턱도 밟아보지 못한 호퍼가 위대한 철학자로 성장한 것도 스스로 배우려고 한 의지 덕분이다.

　그는 부두 노동자로 일하면서, 평생을 떠돌이로 살았다. 하지만 그에게는 배우려는 의지가 있었고, 그것을 실천했다. 그 결과 그는 '길 위의 철학자'라는 명성을 얻을 정도로 세상에 영향을 끼치는 사람이 되었다.

　변혁의 시대에는

　'배우려는 사람'들이 세상을 물려받게 되어 있다.

이미 배운 것으로 만족하는 사람들이,

더 이상 존재하지 않게 된 세상에

스스로 가장 적합하다고 착각하는 동안에…….

그의 말대로 변혁의 시대에는 '배우려는 사람'만이 이 세상을 지배하고 이끌어갈 것이다. 세계적 석학이자 경영 컨설턴트인 피터 드러커 박사 역시 21세기는 자신을 끊임없이 성장시키고 개발시키고자 하는 지식 근로자의 시대라고 말했다.

"지식 근로자란 자신을 끊임없이 성장시키고 관리하여, 변화하는 시대 상황에 맞게 발전시켜 나가는 개인이며, 우리 모두는 자기 자신의 개발에 대해, 그리고 자신이 한 일에 대해 책임을 져야 한다."

그의 말대로 21세기에는 자신의 개발과 성장에 대해 책임을 져야 한다. 그리고 우리 모두는 지식 근로자라고 할 수 있다.

빌 게이츠가 그렇게 오랫동안 승승장구할 수 있었던 것도, 피터 드러커가 현대 경영학의 창시자라는 명성과 영광을 얻을 수 있었던 것도, 그들이 항상 배우는 사람들이었기 때문이다.

마이크로소프트의 빌 게이츠는 오늘의 자신을 있게 한 것은 항상 배우려고 하는 자세와 습관이라고 말했다.

"오늘의 나를 있게 한 것은 우리 동네의 작은 도서관이었다. 그리고 하버드 졸업장보다 더 중요한 것은 독서하는 습관이다."

그는 독서하는 습관을 통해 항상 배우고 자신을 성장시키고 변화시켜 나가는 것이 얼마나 중요한지를 잘 알고 있었다. 그는 또한 자신의 성공 비결을 날마다 퇴보하지 않고 변화를 추구했던 것이라고 말했다.

"나는 힘이 센 강자도 아니고, 그렇다고 두뇌가 뛰어난 천재도 아닙니다. 날마다 새롭게 변했을 뿐입니다. 그것이 나의 성공 비결입니다."

피터 드러커 역시 배우려는 사람이었고, 실제로도 평생 배우는 사람이었다. 그의 저서인 『프로페셔널의 조건 The Essential Drucker』을 보면 그가 강조한 것을 한 마디로 요약할 수 있다. 그것은 바로 '끊임없이 배우고 스스로 변신을 꾀하라'는 것이다.

피터 드러커로 하여금 위대한 경영석학의 자리에 오르게 해준 것도 바로 이것이다. 그는 3년 또는 4년을 주기로 다양한 주제들을 선택하여 끊임없이 공부하고 배웠다.

3년 정도 공부한다고 해서 그 분야를 완전히 터득할 수는 없겠지만, 그 분야가 어떤 것인지를 이해하는 정도는 충분히 가능하다. 이 방법은 나에게 상당한 지식을 쌓을 수 있도록 해주었을 뿐만 아니라, 나로 하여금 새로운 주제와 새로운 시각 그리고 새로운 방법에 대해 개방적인 자세를 취할 수 있도록 해주었다. 그도 그럴 것이, 내가 공부한 모든 주제들 각각은 서로 상이한 가정을 하고 있었고, 또한 서로 다른 방법론을 사용하고 있었다.

변혁의 시대에는 이처럼 끊임없이 배우고 자신을 변화시키고 새롭게 하는 사람들이 세상을 지배하고 이끌 것이다. 과거에는 돈이 많은 사람이나 권력을 가진 자들이 세상을 지배했지만, 이제는 더 큰 권력이 되어버린 지식을 가지고 있는 자와, 지식보다 더 중요한 탁월한 상상력을 발휘할 수 있도록 자신을 날마다 혁신시키고 변화시키는 자가, 이 세상을 지배하고 이끌어간다.

　스티브 잡스가 그런 대표적인 인물이다. 그는 대통령이 된 적도 없고, 세계 최고의 갑부가 된 적도 없다. 하지만 그는 세상을 지배했고, 세상을 이끌었다. 그는 날마다 자신을 변신시켰고 혁신시켰다. 그것이 그의 비결이다.

제**2**장

상상력을 동원하여
성공을 예측하라

"감히 도전해보지 못한 사람들은 아무 것도 하지 못한다."
– 지그 지글러

"주도적인 노력으로 스스로의 인생을 향상시키는 인간의 불가사의한 능력보다
더욱 고무적인 것은 없다."
– 헨리 데이비드 소로

01 식스 시그마를 활용하여
자신을 성장시키고 발전시켜라

　필자는 직장생활 시절, 부서에서 최초로 식스 시그마를 배우는 행운아가 되었다. 다른 사람들이 식스 시그마가 무엇인지 모를 때 식스 시그마를 알게 된 덕분에 식스 시그마 전문가라고 불렸고, 실제로도 그러했다.

　식스 시그마는 기업에서 전략적으로 완벽에 가까운 제품이나 서비스를 개발하고 제공하려는 목적에서 만들어진 품질 경영 기법이면서 동시에 하나의 철학이자 패러다임이다. 처음에는 모토로라에서 개발된 일련의 품질 개선 방법이었으나 제너럴 일렉트릭에서 도입하고 좀 더 발전시켜 가장 큰 효과를 보았다. 그 후 GE의 사례를 통해 전 세계적으로 확산되었다.

　식스 시그마는 처음에는 품질 자체에 국한되었지만 서서히 모든 부서, 심지어 연구 부서에서도 적용이 가능할 정도로 확산되고 확장

되었다. 그리고 갈수록 철학이 가미되어 지금은 하나의 철학이라고 보는 사람도 있을 정도로 변화되고 개선되었다.

식스 시그마는 결국 예측 시스템이고, 하나의 철학이 가미된 시스템이다. 우리가 지금 이런 방식으로 이렇게 일을 해나가게 되면 나중에 어떤 결과를 얻고 어떤 성과를 얻게 될지를, 여러 가지 통계 툴을 사용하여 미리 예측해보고, 그것이 우리가 원하는 목표에서 많이 벗어날 경우 입력값에 해당하는 현재의 업무 방식이나 접근법들을 바꾸어 결과가 목표에서 벗어나지 않게 조절하는 것이다.

재미있는 사실은, 이 세상의 모든 것을 식스 시그마 기법을 통해 예측할 수 있다는 것이다. 우리의 사고력을 조금만 유연하게 하고 확장시켜본다면 우리가 예측하지 못할 것은 없다는 것이다. 물론 입력값을 모르기 때문에 예측이 불가능한 것도 엄연히 존재한다. 하지만 그런 것들을 제외하면 모든 게 예측 가능하다는 것이 식스 시그마를 활용하여 실제로 프로젝트를 성공시킨 수많은 사례를 통해 입증되었다.

그런데 놀라운 사실은 성공 역시 이와 같다는 것이다. 우리가 5년 후, 혹은 10년 후에 성공할 것인지, 아니면 별 볼 일 없이 실패하고 말 것인지를 지금 예측해볼 수 있다는 것이다.

그렇게 예측 가능하다는 것은 성공 역시 우리가 관리하고 경영할 수 있다는 의미이다. 그리고 예측 가능하다는 것은 우리가 지금 하기에 따라 성공도 할 수 있고, 실패도 할 수 있다는 의미이다.

우리에게 있는 것이라면 무엇이든 성공을 위한 도구로 활용 가능하다. 그것들은 무엇보다 실용적이다. 그리고 그것은 정말로 중요하다.

우리가 현재 가진 것이 무엇이든지 그것을 온전하게 다 이용해보

라. 그것들 모두가 성공을 향한 밑거름이 될 수 있다. 우리가 가진 건강, 우리가 가진 체력, 우리가 가진 인맥, 우리가 가진 지식, 우리가 가진 상상력, 우리가 가진 재능, 우리가 가진 경험 등을 모두 총동원하여 우리는 멋진 성공을 창조해나갈 수 있다.

성공이 식스 시그마와 같다고 생각할 수 있는 또 다른 이유 중 하나가, 성공한 사람들을 보면 성공할 수 있도록 자신을 성장시키고 발전시키고 변화시킬 만한 결정적인 계기를 만났거나 스스로 그러한 계기를 만들었다는 점이다. 그러한 성공의 계기들은 식스 시그마에서 말하는 키포인트 같은 역할을 한다.

세계적인 역사학자 아놀드 토인비는 인류의 문명이 발전하고 꽃을 피울 수 있었던 곳은 좋은 환경이 아닌 도전과 응전의 역사를 그대로 보여주는 척박한 땅이라는 사실을 밝혀냈다. 그리고 성공의 절반 이상이 이대로 있다가는 죽을지도 모른다는 위기의식에서 비롯됐다는 주장을 펼쳤다.

"역사적인 성공의 절반은 죽을지도 모른다는 위기의식에서 비롯되었고, 역사 속 실패의 절반은 과거의 찬란했던 시절에 대한 향수에서 비롯되었다."

그의 말대로 성공은 성공할 수 있게 만들어주는 계기 중에 하나인 위기의식에서 비롯되었고, 실패 역시 실패할 수 있게 만들어주는 계기 중 하나인 과거의 성공에 대한 향수와 안주에서 비롯되었다.

혁신적 마인드를 통해
위대하고 확고한 목표를 세워라

성공한 사람들을 보면, 그들이 처한 위치나 상황이나 현실과 조건이 모두 달랐음에도 불구하고 그들이 성공하기 위해 혹은 무엇인가를 이루기 위해 실천하고 행동했던 공통적인 절차가 있음을 알 수 있다.

성공한 사람들에게 확실하게 존재했고, 그들이 활용했고, 배웠고, 실천했던 성공의 첫 번째 공식은 혁신적인 마인드였다.

> **"성공의 공식=혁신적인 마인드+실행력+좋은 사고력"**
> - 혁신적인 마인드=성공 마인드+위대한 목표
> - 좋은 사고력=유연한 사고력+창조력

그들에게 혁신적인 마인드가 없었다면 그들은 절대 성공할 수 없었다고 해도 과언이 아닐 것이다. 그런 점에서 본다면, 그들을 만든 것은 다름 아닌 그들의 혁신적 마인드였다.

남들은 다 대학교를 졸업하고 좋은 직장에 취업하는 것이 최고의 성공이라는 마인드를 가졌지만, 빌 게이츠, 스티브 잡스, 마크 주커버그는 대학교를 중퇴하고 자신의 길을 갈 정도로 혁신적인 마인드를 가졌다. 그들에게 아무리 큰 재능과 기술이 있었다 해도 혁신적인 마인드가 없었다면 그들은 대학교 졸업을 위해 대학 공부를 계속했을 것이고, 졸업장을 등에 지고 좋은 직장에 취직하고자 했을 것이다.

혁신적인 마인드는 그들에게 성공에 대한 강한 갈망과 확신을 심어준 주체였다. 따라서 혁신적인 마인드를 성공 마인드라고 불러도 될 것 같다. 이러한 혁신적인 마인드를 가지고 있다면 당신은 좀 더 성공에 접근한 인물이라고 할 수 있다.

소가 수레를 이끌듯 우리는 우리의 생각이 이끄는 곳으로 가게 되어 있다. 즉, 우리의 생각은 곧 우리의 미래와 현실을 창조해내고 이끌어간다. 실패한 사람들의 마인드가 대부분 부정적이고 무기력하고 비관적이라는 사실을 우리는 알아야 한다.

성공 마인드를 대표하는 마인드는 자신감이다. 에디슨은 "자신감은 성공으로 이끄는 제1비결이다"라고 말했고, 에이브러햄 링컨도 "어떤 일이든 할 수 있고, 이루어진다고 마음먹어라. 그리고 그 방법을 찾아라"라고 말했다.

자신이 해낼 수 있다는 마인드를 가지고 있지 않은 사람 중에 성공한 이는 단 한 명도 없다. 자신감은 그 자체로 위력을 발휘하는 에너

지이며 힘이다. 영국의 스티브 잡스라 불리는 버진 그룹의 리처드 브
랜슨도 "지금의 나를 성공으로 인도한 것은 나 자신에 대한 믿음이
다"라고 하였다. 즉, 성공한 사람들에게서 빼놓을 수 없는 한 가지를
손꼽으라고 한다면 무모하게 느껴질 만큼의 자신감이라고 할 수 있다.

혁신적인 마인드는 자신감으로 대표되는 성공 마인드와 크고 위
험하고 담대하며 분명하고 확고한 목표로 구성되어 있다. 이러한 목
표가 있는 사람과 없는 사람의 차이는 성공과 실패를 가를 만큼 큰
차이를 만들어낸다.

혁신적인 마인드는 복잡한 우리 삶을 단순화시켜서 효율적이고
합리적인 삶을 추구하며 살아갈 수 있게 해준다. 대부분의 사람들
은 우리에게 주어진 삶을 복잡하게 만든다. 그래서 자신의 모든 역
량을 한 곳에 집중하지 못하게 되어 결국에는 그 어떤 일도 해내지
못하는 인생이 되고 만다. 하지만 위대한 인물일수록 자신의 모든 역
량을 단 한 가지에 집중시킬 수 있다.

복잡한 것을 단순하게 만들기 위해서는 혁신적인 마인드가 반드
시 필요하다. 그런 점에서 자신의 삶을 단순하게 만들 줄 아는 사람
들은 매우 혁신적인 사람들임에 틀림없다.

『인생을 바꿔 사는 51가지 방법』캐롤라인 수 지음을 보면 가장 먼저 제
시하는 방법이 바로 단순화이다.

제아무리 위대한 여행도 첫걸음부터 시작한다. 하지만 신발 끈
을 묶기 전에 자신이 어디로 향할 것인지를 알아둘 필요가 있다.
만약 당신이 정신을 차리지 못할 정도로 바쁘게 산다면, 자신이 가

고자 하는 길을 선택하는 일 자체도 큰 어려움이 될 수 있다. 잔가
지들을 한번 말끔하게 쳐보라. 그런 간단한 일만으로도 참으로 많
은 것을 배울 수 있다는 사실에 아마 놀라움을 금치 못할 것이다.

실패만 해온 인생을 이제 성공만 하는 삶으로 바꿔 살고 싶은 독
자들이 있다면 자신의 인생에 달려 있는 수많은 잔가지들을 한번
말끔하게 쳐볼 필요가 있다. 그렇게 하기 위해 필요한 것이 바로 혁
신적인 마인드다.

미국의 소설가 겸 수필가인 워싱턴 어빙은 "위대한 인물에게는
목적이 있고 평범한 사람들에게는 소망이 있을 뿐이다"라고 말했다.
목표가 없는 사람이거나 무기력하고 작은 목표를 가지고 있는 사람
만큼 자신을 무능력하게 만들고 무가치하게 만들고 게으르게 만드
는 것은 없다. 자신의 피를 끓게 하는 그런 크고 높은 목표를 가져보
라. 없던 능력도 생기고, 없던 성실도 생기게 된다.

"작은 목표를 세우지 마라. 그것은 사람의 피를 끓어오르게 할 마
법이 없다. 큰 목표를 세워라."

위대한 건축가 데이비드 번햄의 이 말처럼 우리가 크고 담대하고
위험하며 분명하고 확고한 목표를 세워야 하는 이유는 확실하다. 위
대한 성공을 거둔 사람들은 모두 자신의 피를 끓게 만드는 위대한
목표를 가지고 있었다. 위대한 목표가 위대한 사람을 만들어내는 것
이다.

위대한 목표가
위대한 사람을 만든다

"위대한 목표가 위대한 사람을 만든다."

이것은 필자가 하고 싶은 말이다. 위대한 목표를 한 번도 가져본 적이 없는 사람이라면 자신도 놀라고 세상도 놀랄 만큼 위대한 목표를 가져보자. 당신이 위대한 삶을 살지 못하는 단 한 가지 이유를 들라고 한다면, 필자는 서슴없이 당신이 위대한 목표를 가지지 않았기 때문이라고 말할 것이다.

이 말은 틀린 말이 아닐 것이다. 당신이 위대한 목표를 가져본 적이 없는 이유는 혁신적인 마인드를 가지고 있지 않기 때문이다. 혁신적 마인드는 당신으로 하여금 세상을 놀라게 할 만큼 위대한 목표를 가질 수 있는 담대한 정신을 일깨워준다. 따라서 위대한 목표는 혁신적인 마인드를 가지고 있지 않은 사람들에게서는 절대로 나올 수 없다. 그런 점에서 혁신적 마인드는 성공 마인드와 위대한 목표를 이끌어내는 마인드라고 하겠다.

혁신적인 마인드는 무엇보다도 과거의 자신에서 벗어나 자신을 혁신할 수 있도록 도와준다. 즉, 모든 자기 혁신의 출발점은 혁신적인 마인드이다. 따라서 혁신적인 마인드는 혁신의 가장 좋은 도구라고 할 수 있다.

혁신적인 마인드는 자신의 성공에 대한 확신을 가지는 성공 마인드를 갖추게 하고, 과거의 자신이라면 도저히 할 수 없는 위대한 목표를 설정하여 자아 이미지를 바꾸는 데 의의가 있다. 그 어떤 성공이라도 자아 이미지를 바꾸지 않고서는 절대로 성취해낼 수 없다. 그런 점에서 성공과 실패를 결정하는 것은 자아 이미지이다.

혁신적인 마인드는 자아 이미지를 혁신하는 것이다. 그래서 어제의 자신이었다면 도저히 상상도 못할 목표와 성공에 대한 확신을 오늘의 자신은 가지는 것이다. 그것이 혁신적인 마인드이다.

성공학의 거장인 맥스웰 몰츠 박사는 자신의 책『성공의 법칙 The New Psycho-cybernetics』을 통해 모든 자기 혁신은 자아 이미지를 바꾸는 것에서 출발한다고 말했다. 나아가 그렇게 자아 이미지의 변화를 통해 자기 혁신이 가능한 혁신적인 마인드를 가지게 되면 성공할 수 있게 되므로, 성공과 실패는 자아 이미지에 의해 좌우된다고 말했다.

그 책에, 자아 이미지 심리학의 선구자인 프레스코트 레키 박사의 실험이 나온다. 이 실험은 자기 자신에 대한 생각 또는 자아 이미지가 자신의 인생에 절대적인 영향을 끼친다는 사실을 말해주고 있다.

단어 시험에서 100개 중 55개가 틀려서 낙제점을 받았던 학생이 다음 해에는 평균 91점을 받아서 교내에서 가장 뛰어난 학생이 되었던 사례가 있었다. 그리고 학점이 나빠 학교를 그만둔 한 여학생은 콜롬비아 대학에 입학하여 전 과목 A학점을 받는 우등생이 된 사례가 있었다. 그리고 시험 당국으로부터 영어를 구사할 능력이 없다는 통보를 받았던 한 소년은 다음 해 문학상 시상식에서 표창장을 받기도 했다.

이러한 사례가 우리에게 알려주는 한 가지 사실은, 스스로에 대해 부정적이고 잘못된 자아 이미지를 가지고 있으면 아무리 열심히 노력을 해도 그 수준에서 벗어날 수 없다는 것이다. 즉, '나는 수학을 잘 못해요', '나는 천성적으로 철자에 약해요'라는 자아 이미지를 가지고 있으면 자신의 자아 이미지에서 보여주는 그 모습대로의 결과를 얻게 되고 그렇게 살아가게 된다는 것이다.

혁신적인 마인드란 '나는 공부를 못하는 학생이에요'라는 생각을 하지 말라는 것이다. '지금은 공부에 취미가 없어서 혹은 다른 이유로 인해 성적이 나쁘지만, 하고자 마음만 먹으면 누구보다 잘할 수 있어요'라고 생각하라는 것이다.

어떤 천재라도 관심이 없는 분야를 잘 못하는 것은 당연하다. 모차르트가 물리나 과학에 대해 당신보다 성적이 더 좋을까? 박지성이 당신보다 수학을 더 잘할까? 빌 게이츠가 당신보다 화학을 더 잘할까? 결론적으로, 성적이 나쁘다는 것이 절대 그 사람의 머리가 나쁘거나 능력이 떨어지거나 아둔하다는 의미가 아니라는 사실을 명심해야 한다.

이러한 사실에 대한 혁신적이고 새로운 마인드가 없는 수많은 사람들은, 헨리 데이비드 소로의 말을 인용하자면 '조용한 절망' 속에서 삶을 영위해나가고 있다. 그리고 바로 이런 이유 때문에 수많은 사람들이 최고의 삶을 살지 못하고 있다. 자기 자신의 미래와 성공에 대한 확신인 성공 마인드를 가지고 있지 않기 때문에 그들에게는 하루하루가 조용한 절망이 되는 것이다.

진정한 성공을 이루기 위해서는 반드시 긍정적인 자아 이미지를 토대로 한 자신의 성공에 대한 확신인 성공 마인드를 가지고 있어야 한다.

04 실패를 무릅쓰고 실천하는 결단력과 실행이 필요하다

성공 공식의 두 번째 요소는 결단력을 갖춘 실행력이다.

'구슬이 서 말이어도 꿰어야 보배'라는 옛말이 있듯이, 아무리 멋진 혁신적인 마인드를 가졌다 해도 그것을 실천하지 않는다면 그것은 평생 그림의 떡에 불과한 것이 되고 만다.

성공한 사람들의 가장 큰 특징 중 하나가 실패를 무릅쓰고 실천한다는 것이다. 무모하게 보이는 일도 그들은 결단력을 가지고 실행에 옮긴다. 그 결과 그들은 남들이 십 년 동안 일해도 벌 수 없는 엄청난 돈을 몇 년 안에 벌게 된다. 남과 다른 방식과 실행력을 통해 시쳇말로 '대박'을 터뜨리는 것이다.

가장 어리석은 사람은 좋은 아이디어를 가지고 있으면서도 우물쭈물하면서 주저하는 사람이다. 그렇게 주저하는 사이에 다른 사람이 과감하게 실천하여 큰 부자가 되고 성공하게 되는 경우가 비일비재하다.

전쟁에서든 인생에서든 기업 경영에서든 가장 큰 손해를 초래하는 것은, 어떤 결단도 내리지 않고 어떤 행동도 하지 않는 것이다. 『손자병법』과 쌍벽을 이루는 『오자병법』의 저자 오자는 어떤 행동이라도 하는 것이 실패하더라도 아무 것도 하지 않는 것보다 더 낫다는 사실을 자신의 삶을 통해 보여주었다.

"전쟁할 때 가장 큰 손해는 우물쭈물하는 것이다."

그는 자신이 한 이 말을 죽을 때도 실천했던 인물이다. 그는 평생 76번의 전투를 치렀다. 그중에서 64회가 승리였고, 12회가 무승부였다고 할 수 있다. 주목할 점은 그가 적의 화살을 맞고 죽을 때에도 무승부를 기록했다는 점이다.

그는 초나라의 재상으로서 부국강병을 위해 귀족들의 녹을 모두 없앴다. 하지만 그를 총애하던 왕이 죽자 귀족들은 오자를 죽이기 위해 그를 함정에 빠뜨렸다. 그 순간 그가 아무 것도 하지 않고 우물쭈물 있었다면 마지막은 그의 패전으로 기록되었을 것이다.

하지만 그는 우물쭈물하지 않았다. 무엇인가를 결단하고 실행했다. 바로 왕의 시체 바로 옆에 바짝 엎드리는 행동을 취했던 것이다. 그 결과 날아온 수많은 화살에 자신은 목숨을 잃었지만, 그 화살을 쏜 상대방들 역시 왕의 시신을 훼손시킨 죄를 물어 모두 국법에 의해 사형을 당했다. 그뿐만 아니라, 그 귀족 가문이 멸문지화까지 당하게 되었다. 엄밀하게 따지면 오자는 죽는 순간에도 큰 승리를 거둔 것이나 다름없다.

그의 말처럼 결단력 있게 행동하는 것이 아무 것도 하지 않는 것보다 훨씬 더 낫다는 사실을 명심하자.

괜히 섣불리 움직였다가 실패하는 것보다는 아무 것도 하지 않는 게 더 낫지 않냐고 반문하는 독자들이 있다면, 필자는 확실하게 말하고 싶다. "아무 것도 하지 않는 것보다는 실패하더라도 행동하는 쪽이 훨씬 더 낫다"고 말이다. 왜냐하면 실패를 많이 할수록 많은 것을 배울 수 있게 되고, 그로 인해 더욱 더 성공에 가까워질 수 있기 때문이다.

구글이 제시하고 있는 가치 중에 하나는 뭔가 새로운 것을 시도하기 위해 많은 시간을 들일 필요가 없다는 것이다. 즉, 빨리 시도하고, 빨리 실패하고, 빨리 배우라는 가치이다. 그 결과 구글은 세계 최고의 기업으로 승승장구하고 있다. 실패를 두려워해서 너무 오랜 시간을 들인다거나 새로운 것들을 시도하지 않는다면 구글은 이 세상에 차고 넘치는 평범한 기업들 중에 하나로 전락할지도 모른다.

결단력을 가지고 담대하게 시작할 때 하늘도 도와주고, 귀신도 피하고, 없던 재능과 힘과 마력이 생긴다. 대문호 괴테도 이런 사실에 대해 다음과 같이 말한 적이 있다.

"그대가 할 수 있거나 할 수 있으리라 생각하는 것, 그것을 시작하라. 담대함에는 비범한 재능, 힘, 마력이 담겨 있다. 지금 바로 그것을 시작하라."

랠프 왈도 에머슨도 이와 비슷한 말을 했다.

"일단 실천하라. 그러면 힘을 지니게 될 것이다."

맥스웰 몰츠가 말한 성공 메커니즘을 작동시키는 다섯 가지 기본 원칙을 한 번 살펴보자.

1. 목표를 설정하라.

2. 신뢰하라.

3. 긴장을 풀어라.

4. 학습하라.

5. 실천하라.

그가 제시한 기본 원칙 중 '실천하라'와 '목표를 설정하라'라는 원칙은 필자가 제시하는 성공의 공식에 모두 포함되는 것이다. 그리고 그가 제시하는 '긴장을 풀어라'라는 원칙은 '유연한 사고력을 가지라'라는 말과 같은 의미이다.

유연하고 창조적인 사고력이 필요하다

성공 공식의 세 번째 요소는 '좋은 사고력'이다. 좋은 사고력이란 변화에 잘 대처할 수 있는 유연한 사고력과 함께, 아이디어와 역발상이 쉬지 않고 뿜어져나올 만큼 창조적인 사고력이라고 할 수 있다.

고대 철학자 헤라클레이토스는 "모든 것이 변한다. 태양마저도 오늘의 것과 내일의 것이 다르다"라고 했다. 그의 말처럼 오늘 세운 전략과 전술은 내일 아침이면 과거의 것이 된다. 그래서 성공한 사람들에게는 놀랍도록 유연한 사고력이 있다는 것이다. 수시로 변하는 상황에 그들은 누구보다 빨리 대처하며 최선의 선택을 한다.

찰스 다윈이 "강한 종이 살아남는 것이 아니라 적응력 높은 종이 살아남는다"라고 말한 것처럼 능력 있는 자가 성공하는 것이 아니라 변화에 잘 대처할 수 있는 유연한 사고를 가진 사람이 성공하는 것이다.

그런 점에서 가장 위험한 사람은 변화를 두려워하여 현재 상황을 유지하고자 하는 사람이다. 마이클 해머도 이런 사실에 대해 언급하고 있다.

"변화를 두려워하고 현재 상황을 유지하려는 사람이야말로 가장 위험한 사람이다."

성공하는 사람들에게서 우리가 배울 수 있는 가장 큰 교훈은 그들은 어제 성공을 했든 실패를 했든 아침에 눈을 뜨면 달린다는 것, 즉 행동한다는 것이다. 『마시멜로 두 번째 이야기』에 보면 이런 사실에 대해 잘 말해주는 대목이 나온다.

> 매일 아침 아프리카에선 가젤이 눈을 뜬다. 그는 사자보다 빨리 달리지 못하면 죽으리라는 것을 안다. 매일 아침 사자 또한 눈을 뜬다. 그 또한 가젤보다 빨리 달리지 못하면 굶어 죽으리라는 것을 안다. 당신이 사자이건 가젤이건 상관없이 아침에 눈을 뜨면 당신은 질주해야 한다.

이 짧은 문장에서 우리가 반드시 배워야 할 한 가지 교훈은, 아침에 눈을 뜨면 행동해야 한다는 것이다. 아무리 좋은 유연한 사고력을 가지고 있다 해도 행동하고 실천해야 한다. 그것도 남들보다 더 빨리 말이다.

피터 드러커는 우리가 성공하고 지속적인 성장을 하기 위해 무엇보다 필요한 것이 새로운 것을 창출하는 능력, 즉 기업가 정신이라고 했다.

"무엇보다 필요한 것은 기업가 정신이다. 즉, 새로운 것 그리고 기존의 것과는 다른 것을 창출하는 능력이다."

그의 말대로 개인이 성공하기 위해서도 가장 필요한 것은 창의력이라고 할 수 있다. 남과 다른 것, 새로운 것을 창출해내는 능력이 무엇보다 중요하다. 지금은 창조의 시대이기 때문이다. 뻔한 것으로는 더 이상 고객들의 주목을 끌지 못하기 때문이다. 남과 달라야 경쟁에서 이길 수 있기 때문이다. 그리고 무엇보다 존 스튜어트 밀의 표현을 빌려 말하자면, '존재하는 모든 훌륭한 것은 독창력의 결과'이기 때문이다.

좋은 사고력을 가진 사람들은 좋은 생각을 잘하기 때문에 성공하는 것이 아니라 어떤 생각을 해야 좋은지를 잘 알기 때문에 성공한다고 말할 수 있다. 유연한 사고력을 가지고 있지 않은 사람들은 문제가 발생했을 때 문제점에 초점을 맞춘다. 하지만 유연한 사고력을 가진 사람들은 문제점이 아닌 해결책에 초점을 맞추고 해결점을 찾기 위한 생각을 선택한다.

06 지식보다는 상상력이 더 중요하다

도널드 트럼프는 성공을 자석처럼 끌어당기는 힘은 바로 해결책에 초점을 맞추는 것이라고 말했다.

유연한 사고력은 바로 이런 것이다. 그리고 창조력의 토대가 되는 것은 상상력이다. 상상력이 풍부할수록 창조적인 사람이 될 수 있다. 20세기의 천재 과학자 아인슈타인도 상상력이 중요하다는 사실을 강조했다.

"지식보다는 상상력이 더 중요하다."

우리가 유연한 사고를 자주 하고 상상력이 풍부한 창조적인 생각을 많이 한다면, 우리 삶 역시 유연하고 창조적으로 변화될 것이라는 사실을 알아야 한다. 우리가 어떤 생각을 하는지, 즉 우리의 사고의 수준과 내용에 따라 우리 인생도 정확히 그러한 수준과 내용의 삶이 되기 때문이다.

1940년 미국의 로스엔젤레스에서 15세의 한 소년이 책상에 앉아 종이 맨 위쪽에 '나의 인생 목표 리스트My Life List'라는 제목을 시작으로 127개의 리스트를 적었다. '나는 커서 무엇을 했더라면…… 이라고 적어도 후회하는 삶은 살지 말아야지'라고 다짐하며 자신이 살면서 하고 싶은 것, 가고 싶은 곳, 배우고 싶은 것, 꼭 실천하고 싶은 목록을 작성한 것이다.

그리고 32년이 지난 후, 이 소년은 건장한 성인이 되었다. 그동안 그는 127개의 목록 중에 103개를 이루었고, 그 사실은 1972년, 미국의 시사 포토 뉴스 잡지인 라이프에 소개되었다. 그의 놀라운 경험담을 실은 덕분에 라이프는 사상 최고의 판매부수를 기록하기도 했다.

그 후 그는 자신의 124번째 목표였던 '배를 타고 지구 일주하기'라는 목표를 네 번이나 달성했다. 그리고 그는 자신의 리스트 중에 순서상 제일 마지막 목표인 127번째 리스트 '21세기에 살아볼 것'을 이루었다. 그는 자신의 인생 목표 중에 109개를 이루었고, 지금도 이루어가고 있다.

그의 인생 목표 중에 재미있고 인상 깊은 것들을 몇 가지 살펴보면 이렇다.

탐험하고 싶은 강

1. 이집트의 나일 강(세계에서 제일 긴 강)

2. 남미의 아마존 강(세계에서 두 번째로 긴 강)

3. 아프리카 중부의 콩고 강

등반할 산

21. 에베레스트 산(세계 최고봉 8,848미터)

22. 아르헨티나의 아콩카과 산(남미 최고봉 6,959미터)

23. 매킨리 산(북미 최고봉 6,194미터)

해내야 할 일

73. 잠수함 타기

74. 항공모함에서 비행기를 조종해서 이착륙하기

75. 전 세계의 모든 국가를 한 번씩 방문할 것

76. 소형 비행선, 열기구, 글라이더 타기

77. 코끼리, 낙타, 타조, 야생말 타기

79. 스킨스쿠버다이빙으로 12미터 해저로 내려가서 2분 30초

    동안 호흡을 참고 있기

102. 코모도 섬에 가서 날아다니는 도마뱀의 생태 연구하기

105. 1마일을 5분에 주파하기

117. 독사에서 독 빼내기

120. 22구경 권총으로 성냥불 켜기

바로 이 사람이 세계 최고의 목표 성취자라는 별명이 붙은 존 고다드이다. 그의 리스트 중에는 사실상 불가능한 것으로 보이는 것도 있다. 예를 들어, '전 세계의 모든 국가를 한 번씩 방문할 것'이라는 목표는 정말 힘이 들 것 같다. 어쨌든 그가 100개가 넘는 목표를 달성할 수 있었던 가장 큰 이유는 그가 상상을 했고, 그 상상을 통해 목표를 정할 수 있었기 때문이다.

그가 부자가 되는 것, 대기업의 경영자가 되는 것, 대통령이 되는 것이라는 상상을 하지 않았기 때문에 그는 절대로 부자가 되거나 대기업의 경영자가 되거나 대통령이 되는 일은 없을 것이다. 하지만 그가 15세 때나 그 이후에라도 인생의 어느 순간에 자신이 대통령이 되거나, 대기업의 경영자가 되겠다는 상상을 했다면 그의 인생은 지금과는 또 달라졌을 것이라는 것은 확실하다.

소가 수레를 이끌어가듯, 우리의 생각과 상상이 내일의 우리의 모습을 결정한다는 사실을 인식할 때 우리가 가장 조심해야 하는 것은 우리의 생각이며 상상이다.

가장 창조적이고 건설적이고 희망에 찬 큰 생각을 해야 하는 이유가 바로 이것이다. 내일의 우리의 모습은 오늘의 우리의 생각이 만들어간다. 상상은 우리가 창조하지만, 우리가 창조한 상상력이 우리의 내일을 창조한다는 것은 틀린 말이 아니다. "지금 상상하지 않는 건 이룰 수 없다"라는 그의 말처럼 말이다.

　바로 이것이 '당신이 얼마나 눈부신 성공과 미래를 살아갈 것인가'는 '당신이 얼마나 눈부신 상상을 할 수 있느냐'에서 비롯된다고 말할 수 있는 이유이다.

최고의 성공 예측은
생각에서 비롯된다

랠프 왈도 에머슨은 우리의 생각에 따라 삶이 달라진다는 사실에 대해 다음과 같이 표현했다.

"당신의 인생은 당신이 하루 종일 무슨 생각을 하는지에 따라서 달라진다."

그의 말처럼 우리가 유연한 사고를 하고, 창조적인 사고를 하면 할수록 우리의 삶도 창조적으로 변해갈 것이다. 그리고 그 창조적인 삶은 곧 성공을 이끌고도 남을 만큼 성공적인 삶이 될 것이다.

다시 말해, 최고의 성공 예측은 우리의 생각에서 비롯된다. 그렇기 때문에 우리가 성공을 예측할 수 있는 생각을 할 수만 있다면 거의 성공한 것이나 다름없다. 즉, 생각이 성공을 만드는 것이다.

생각의 위력에 대해 잘 설명해주는 책이 있다. 바로 캐서린 폰더의 『부의 법칙The Dynamic laws of Prosperity』이다. 이 책에는 저자 자신이 가난과 질병과 경제적 궁핍으로부터 어떻게 탈출할 수 있었는지가 설명되어 있다.

첫 남편과 사별하고 어린 아들과 단둘만 남게 된 후부터 그런 책(성공을 보장하는 간단하면서도 분명한 원리가 담긴 책)을 찾기 시작했다. 직업훈련을 받아본 적이 없고 다른 생계 수단도 없었기 때문에 어떻게 하면 부를 누릴 수 있는지 정확하게 일러주는 '안내서'가 간절히 필요했던 것이다.

한동안 우울증과 질병, 외로움, 경제적 궁핍으로 인해 완전히 좌절하며 지내기도 했다. 온 세상이 내게서 등을 돌리고, 내가 하는 일은 모두 다 잘못되는 것만 같았다. 그러나 아들을 책임진 몸으로, 자포자기한 채 인생을 망칠 수는 없었다. 아들과 나 자신을 위해서 나는 반드시 성공해야만 했다.

감정적으로나 신체적, 금전적으로 최악의 상황에 빠져 있던 무렵, 마침내 성공과 실패를 판가름하는 결정적인 수단, 즉 생각의 위력을 배우게 되었다. 생각은 제대로 사용하기만 하면 건강과 행복, 부, 성공을 열어주는 만능열쇠가 될 수 있음을 드디어 깨닫게 된 것이다.

그녀는 가난과 궁핍으로 단칸방에서 살고 있었지만, 생각을 통해 성공을 예측할 수 있는 부의 사고 습관을 가지게 되었다. 그 결과 그녀는 몇 년도 채 지나지 않은 시점에 텍사스 대학 전경이 내려다보이는 아파트에서 살게 되었고, 수십 년 후에는 집필실이 딸려 있고 키 큰 야자수와 울창한 녹지가 아름다운 조화를 이루는 큰 저택에서 살게 되었다.

생각의 위력에 대해 주장한 사람들은 매우 많다. 그중 한 사람인 철학자 제임스 앨런은 다음과 같은 말을 했다.

"사람이 생각할 줄 안다는 것, 그것은 곧 자기가 원하는 대로 자신을 만들어갈 수 있는 변화와 재생의 기능을 자기 안에 품고 있다는 뜻이 된다."

성공학 도서의 고전인 『생각하라 그러면 부자가 되리라』의 저자인 나폴레온 힐은 모든 사람의 오늘은 어제 생각한 결과라고 말했다.

"모든 사람은 자신의 생각 속에 모든 열쇠를 갖고 있다."

그의 말대로 우리는 생각을 통해 성공을 예측할 수 있고 실패도 예측할 수 있다. 성공을 예측하는 사람은 성공하게 되고, 실패를 예측하는 사람은 실패하게 된다. 우리의 생각에는 강력한 에너지와 힘이 있기 때문이다. 즉, 우리의 생각 속에는 모든 종류의 문을 열 수 있는 만능열쇠가 있는 것이다.

따라서 생각을 통해 성공을 예측한다는 것은 성공의 문을 여는 열쇠를 끄집어낸다는 의미다. 그렇기에 '만사萬事는 먼저 마음속에서 이뤄진다'는 말은 참으로 옳은 말이다.

세계적인 베스트셀러 『성경』에서 지혜의 왕인 솔로몬의 잠언에 이런 말이 나온다.

"대저 그 마음의 생각이 어떠하면 그 위인도 그러한즉."

우리의 마음속에서 우리의 생각이 성공에 대해 집중되어 있다면 우리 역시 성공할 수 있는 사람이 되지만, 우리의 생각이 온통 가난과 걱정과 궁핍과 실패에 집중되어 있어서 그 굴레를 벗어나지 못한다면 우리 역시 그러한 소인배에서 벗어나지 못하게 된다는 말이다. 이렇듯 우리가 생각을 통해 성공을 예측한다는 것은 매우 중요하고도 필수적인, 성공을 향한 첩경이라고 하겠다.

08 다가올 미래를
예측하고 준비하라

필자가 경험하여 얻은 사실 중에 놀라운 한 가지는 '성공은 그것을 예측하고 준비하는 사람에게 더 잘 다가온다'라는 것이다. 마찬가지로 실패 역시 그것을 예측하고 걱정하는 사람에게 더 잘 다가온다. 성공과 실패의 속성은 매우 비슷하기 때문이다.

그러므로 지금부터는 실패 대신 성공을 예측하고, 성공을 기대하고, 성공을 준비하는 사람이 되어보자. 매일 아침 실패에 대한 걱정 때문에 일어나기 싫었다면 반대로 해보자. 성공을 기대하며 성공을 예측하며 성공을 준비하며 매일 아침 눈을 뜨는 것이다. 하루하루가 가슴 설레는 날이 될 것이다.

가슴 설레는 삶을 살아가는 사람이 되는 방법은 바로 성공을 예측하고 성공을 준비하고 성공을 기대하는 것이다. 그렇게 성공을 갈망하며 예측하는 습관이 들면 모든 사고와 행동이 남달라진다. 남달라진 사고와 행동은 그것 자체로 커다란 경쟁력이 되어 큰 차별화를 이끌어준다. 그러한 차별화와 남다름이 당신에게 성공으로 가는 길을 활짝 열어줄 것이다.

부자들이 돈 냄새를 직감적으로 잘 맡는 것처럼 성공하는 사람들은 성공할 수밖에 없는 징후를 잘 발견한다. 그래서 위대한 성공을 거둔 사람들을 보면 그들은 성공하기 전에, 남들이 보기에는 전혀 성공의 징후가 없을 때조차도 스스로 위대한 성공을 한 자신의 모습을 생생하게 상상하고, 확신하고, 예측하고, 기대하고, 준비하는 경향이 있다.

오프라 윈프리도 이와 같은 모습을 보여주었다.

"미래를 바라보았다. 너무 눈이 부셔서 눈을 뜰 수가 없었다."

그녀는 자신의 성공을 미리 예측했고, 기대했고, 준비했던 것이다.

동양의 전설적인 영화배우 이소룡은 "1980년, 나는 미국에서 가장 유명한 동양인 배우가 되어 있을 것이다. 나는 천만 달러의 출연료를 받을 것이다"라며 자신의 성공을 예측했다. 그는 비록 1973년 사망했음에도 1980년에는 미국에서 가장 유명한 동양인 배우였다. 그의 명성과 이름은 1990년대를 넘어 지금까지도 널리 회자되고 있다. 그가 분명 자신의 성공을 예측했었다고 말할 수밖에 없는 이유가 이것이다.

찰리 채플린 역시 자신의 성공을 확신했고 정확히 예측했다.

"빈민 수용소에 있을 때나 먹을 것을 구하기 위해 길거리를 방황하고 있을 때도, 나는 스스로를 세계에서 제일가는 배우라고 믿고 있었다. 어린아이가 한 생각으로는 어이없게 들리겠지만, 그래도 내가 그렇게 강한 믿음을 갖고 있었다는 사실이 나를 구했다. 그런 확신이 없었다면 나는 고달픈 인생의 무게에 짓눌려 일찌감치 삶을 포기해버렸을 것이다."

이처럼 성공한 사람들은 모두 자신의 성공을 예측했고, 준비했다. 그렇기에 누가 뭐래도 당당하게 자신의 길을 걸어갈 수 있었던 것이다.

이들뿐만 아니라 전 세계적인 유통망을 구축할 정도로 큰 성공을 거둔 '월마트'의 창시자 샘 월튼 회장 역시 성공을 계획하고, 예측하고, 준비하고, 관리했던 사람 중에 한 명이다.

"나의 벼락 성공은 다른 벼락 성공들과 마찬가지로 20년간의 준비를 거친 결과 얻은 열매다."

그의 말대로 그의 벼락 성공은 20년 동안 준비를 해온 결과물에 불과하다. 그러므로 우리 역시 성공을 준비하고 예측해야 한다.

09 기대하고 바라면 반드시 다가온다

'9년 전부터 전화를 기다렸습니다.'

여기에 9년 전부터 성공을 기대하고 바랐던 한 사람이 있다. 바로 뉴욕 타임스 190주 연속 베스트셀러 작가를 기록한 마크 빅터 한센이다. 전 세계적으로 8천만 부가 판매된 베스트셀러의 작가이기도 하다. 그는 세계적인 유명인사가 되었고, 부자가 되었고, 성공한 베스트셀러 작가가 되었다.

그가 처음부터 부자였던 것은 아니다. 그에게도 시련과 고통으로 가슴 아픈 밑바닥 인생을 살아야 했던 암울한 시기가 있었다. 그는 20대 중반의 삶을 무일푼 가난뱅이로 살았다. 하지만 그는 성공을 기대했고, 소망했다. 그가 쓴 감동을 주는 여러 이야기 중에서도 그가 9년 동안이나 성공을 기대하고 소망했다는 사실을 말해주는 이야기가 나온다. 바로 '9년 전부터 기다린 전화'이다.

방송국 : 안녕하세요. 작가님, 방송국입니다. 작가님 이름으로 된
        프로그램을 만들고 싶어서 전화 드렸습니다.

이런 전화를 받게 되면 우리 모두는 너무나 놀라고 한편으로는
기뻐할 것이다. 하지만 마크 빅터 한센은 전혀 놀라거나 기뻐하지 않
고, 담담한 목소리로 다음과 같이 답한다.

한센 : 네. 알고 있습니다. 9년 전부터 기다린 전화입니다.

전화를 건 방송국 담당자가 도대체 무슨 영문인지 의아해하면서
물어본다.

방송국 : 네? 9년 전부터 기다린 전화라고요! 저는 무슨 말씀을
        하시는지 도대체 알 수가 없습니다. 선생님, 무슨 말씀
        이신지요?

그제야 마크 빅터 한센은 자초지종을 이야기해주었다.

한센 : 9년 전에 제가 성공할 것에 대해 기대하면서 비전을 세웠
       거든요. '10년 안에 내 이름으로 된 TV 프로그램을 만들
       것이다.' 아직 1년이 남아 있지만, 이렇게 일찍 전화가 왔
       군요. 9년 동안 기다렸습니다. 하하. 반갑습니다.

성공한 사람들은 누구나 자신이 성공할 것임을 직관적으로 알고 있다. 지금 현실이 아무리 어둡고 암울해도 새벽은 반드시 오는 것처럼, 그들은 자신의 성공 역시 반드시 올 것이라고 믿는다. 한 치의 의심도 없이 자신의 성공을 누구보다도 더 기대하고 바라고 소망한다.

세계 제일의 부자였던 강철왕 카네기 역시 그런 인물이다. 억만장자였던 카네기가 젊은 시절 가난뱅이에 불과했다는 사실을 믿을 수 있겠는가? 그는 젊은 시절 누구보다 열심히 일을 했다. 하지만 삶은 너무나 고달프고 힘겨웠다. 수입이 너무나 적은 세일즈맨에 불과했기 때문이다.

어느 날 그는 여느 때와 다르지 않게 어떤 사무실에 영업을 나갔다. 그곳에서 그는 볼품없어 보이는 그림 하나를 운명적으로 만나게 되었다. 썰물이 되어 물이 다 빠져나간 갯벌에 배 한 척이 덩그렇게 놓여 있는 그림이었다. 그런데 그림의 한쪽 구석에 이런 글이 적혀 있었다.

'밀물은 반드시 들어온다.'

카네기는 그 글을 보고 갑자기 전율을 느끼며, 자신의 성공 역시 반드시 올 것이라는 직관을 그 어느 때보다 강하게 느꼈다. 그 그림은 낙심과 좌절과 가난과 절망으로 하루하루를 살아가던 별 볼 일 없고 수입도 초라하기 그지없는 세일즈맨에게, 지금의 자신의 모습과는 비교도 할 수 없을 만큼 눈부신 성공을 기대하고 바라볼 수 있게 해주는 계기가 되어준 것이다.

카네기는 그림의 주인에게 사정하여 그 그림을 얻었고, 자신의 사무실 벽에 걸어두었다. 그는 매일 그 그림을 보면서, 자신에게도 그 그림의 문구처럼 반드시 성공의 밀물이 올 것이라는 확신과 기대를 하게 되었다.

놀라운 사실은, 우리가 무엇을 기대하든 우리가 기대한 만큼 기대한 바로 그것이 우리 인생에 다가온다는 것이다. 성공과 부와 건강을 기대하면 그것이 우리 인생에 다가오는 이유는 우리의 생각과 기대와 소망 속에 일종의 창조의 힘이 숨겨져 있기 때문이다.

10 예측 가능한 성공은 허황된 꿈이 아니다

우리가 성공을 못한 것은 성공을 기대하거나 바라지 않았기 때문이다. 그리고 우리가 성공한 단 한 가지 이유는 '성공을 기대하고 바랐기 때문'이다. 이 사실에 대해 위대한 작가 서머싯 몸은 이렇게 말했다.

"최고의 삶을 바란다면 최고의 삶을 얻을 것이다."

최고의 삶을 살아갈 수 있는 방법은 바로 그러한 삶을 바라는 것이다.

성경에 이런 말이 나온다.

"믿음은 바라는 것들의 실상이요."

믿음의 토대는 바라는 것이다. 지금 현재 없지만, 지금 현재 실현된 것이 아니지만 곧 실현될 것이라고 바라고 믿는 것이 바로 믿음이다. 믿음은 결국 산도 옮기고, 죽은 자도 살린다. 산도 옮기는데, 성공하는 것쯤이야 일도 아닐 것이다. 그러한 생각을 가져야 한다.

작은 생각의 차이가 당신을 성공에 훨씬 더 접근하게 해준다는 사실을 명심하라.

사회학자 로버트 머튼은 기대를 가지면 기대했던 것과 같은 결과가 일어난다는 현상에 주목하여, 그것을 '자성예언 自成豫言(Self-fulfilling Prophecy)'이라고 명명했다. 어떤 행동이나 학습을 함에 있어서 교사나 자신의 기대 수준에 부합하는 학습 결과가 나오는 현상이다.

어떤 학생은 매우 공부를 잘한다는 정보를 들었다면, 그 정보가 틀린 것이더라도 그 학생에 대한 교사나 주위 사람들의 기대 수준이 높다. 그런데 놀라운 사실은, 주위 사람들의 기대 수준이 높으면 실제로는 그 학생의 지능이 낮더라도 학업 성취도가 높게 나온다는 것이다. 더 중요한 사실은, 누군가 자신에 대해 기대할 때뿐만 아니라 자기 스스로를 높게 기대할 때도 똑같은 결과가 나온다는 것이다.

박지성 선수가 바로 그런 경우이다. 박지성 선수는 고등학교 때까지 별로 두각을 나타내지 못한 평범한 축구선수였다. 평범한 체격에 평발이라는 불리한 신체 조건도 가지고 있었다. 하지만 그는 세계적인 축구선수가 되었다. 그를 세계적인 축구선수로 만들어준 것은 그의 재능이 아니다. 그렇다면 과연 무엇일까? 그것은 최고가 될 것이라는 자기 자신에 대한 기대감과 강한 자기암시이다.

"나는 최고의 선수다. 이 경기장에서는 내가 최고다."

박지성 선수는 항상 '자신이 최고의 선수'라는 강한 자기암시를 했고, 그렇게 기대도 했다. 그 결과 그는 자신의 기대에 부합하는 최고의 선수가 되었다. 자신이 세계적인 선수로 성장할 것이라고 예측할 수 없었던 평범했던 고등학교 시절에 스스로 자신의 성공을 기대하고 바라지 않았다면 지금의 박지성 선수는 존재하지 않았을 것이다.

인간은 자신이 어디를 향하고 있고 얼마나 높은 곳을 기대하고 바라냐에 따라, 현재의 삶의 모습과 태도가 달라질 수밖에 없다. 만약 박지성 선수가 평범한 프로 축구선수를 기대했다면 그는 그 수준에 머물렀을 것이다. 하지만 그는 희망이 보이지 않았던, 아무도 주목하지 않았던 고등학교 시절에도 자신이 최고의 선수가 될 것이라는 기대를 놓치지 않았다.

우리는 우리가 기대하고 바라는 수준을 넘어설 수 없는 존재들이다. 그러므로 가장 최고의 수준을 바라고 기대해야 한다. 즉, 꿈을 크게 가지고, 목표를 높게 잡아야 하는 것이다. 우리는 우리가 설정한 높이와 크기만큼 성장하게 되어 있는 존재들이다. 따라서 처음부터 너무 작고 낮은 목표를 잡는 사람이 가장 어리석은 사람이다.

일본에서 관상어로 많이 키우는 코이Koi라는 비단잉어를 보면, 우리가 왜 성공을 기대하고 바라야 하는지를 깨달을 수 있다. 이 잉어는 어항에 넣어서 키우면 평생 8센티미터 정도밖에 자라지 않는다. 하지만 조금 큰 공간인 수족관이나 연못에 넣어 키우면 15~25센티미터까지 자란다. 그런데 놀라운 사실은, 이 잉어를 강물에 넣어서 마음껏 자라게 해주면 90~120센티미터까지 자란다고 한다.

코이가 사는 공간이 바로 우리가 스스로 설정하는 꿈의 크기다. 높은 곳을 기대하고 바랄수록 우리는 높은 곳에 도달할 수 있게 된다. 바로 이런 이유에서 우리는 평범한 삶을 기대해서는 안 된다. 큰 성공을 기대하고, 큰 목표를 설정해야 하는 것이다.

위대한 성공을 한 사람들은 꿈을 통해서도 자신의 성공을 놀랍게 예측했다. 대표적인 사람이 바로 요셉이다.

요셉은 17세 때 자신의 성공을 예측하는 꿈을 꾸었다. 형제들과 함께 곡식을 묶고 있는데 형들이 묶은 곡식단들이 자신의 곡식단 주위에 둘러서서 절을 하는 꿈이었다. 그는 또 다른 꿈도 꾸었다. 태양과 달과 별들이 자신을 향해 예를 갖추는 꿈이었다.

하지만 요셉의 삶은 성공과는 거리가 있어 보였고 오히려 실패처럼 보였다. 형들에게 미움과 시샘을 받아 노예로 팔려가게 되었고, 오랫동안 노예로 살았다. 그것도 모자라 억울한 누명을 쓰고 감옥에 갇히는 신세, 즉 범죄자로 전락하기도 했다. 하지만 그의 성공 예측은 틀리지 않았다. 그는 결국 이집트의 총리가 되었던 것이다.

당신은 당신의 성공을 예측하는 꿈을 꾼 적이 있는가? 만약 그렇다면 그 꿈을 버려서는 안 된다. 오랫동안 노예의 삶을 살다가 범죄자가 되어 감옥에 갇혔던 사람도 이집트의 총리가 되었다. 하물며 당신의 지금 상황이나 처지가 이보다 더 나쁘지는 않을 것이다.

확신하라,
그대로 이루어질 것이다

성공의 첫 번째 비결은 성공에 대한 확신이며 예측이다. 성공에 대한 예측이나 확신 없이 성공에 도달한 인물들은 많지 않다. 성공에 대한 확신과 예측은 자기 자신에 대한 믿음에서 비롯된다. 그렇기에 자신감 없는 사람 중에 위대한 성공을 성취해낸 사람은 절대로 존재하지 못한다.

자신감은 위대하고 담대하고 위험한 목표와 성공을 향해 첫발을 내딛도록 도와주는 추진력이다. 추진력이 없다면 담대한 목표와 성공을 향해 한 발짝도 내딛지 못한다. 따라서 평생 담대한 목표와 성공을 이루어내지 못한다.

태산도 결국에는 작고 보잘것없어 보이는 한 줌의 흙조차도 마다하지 않았기 때문에 태산을 이룰 수 있었고, 큰 대양도 작고 보잘것없는 물줄기를 마다하지 않았기 때문에 큰 대양을 이룰 수 있었다.

위대하고 담대하고 위험한 목표와 성공도 이와 마찬가지다. 하루하루 작고 보잘것없어 보이는 작은 행동들을 실천하고 작은 목표를 수행한 것들이 모여 위대한 목표를 이루는 토대가 되어준 것이다.

중국의 철학자 노자老子는 이러한 사실에 대해 다음과 같은 비유를 들어 말했다.

> 큰 나무도 가느다란 가지에서 시작된다. 10층 석탑도 작은 벽돌을 하나하나 쌓아 올리는 것에서 출발한다. 천릿길도 한 걸음부터 시작이다. 마지막에 이르기까지 처음과 마찬가지로 주의를 기울이면 어떤 일이라도 탁월하게 해낼 수 있다.

그의 말처럼 천릿길도 한 걸음부터 시작해야 한다. 그리고 더 중요한 것은 중간에 포기하지 않고 한 걸음 한 걸음 끝까지 나아가는 것이다.

문제는, 까마득해 보이고 실현 불가능해 보이는 위대한 목표를 향해 하루하루 인내하며 흔들림 없이 걸어가야 한다는 것이다. 위대한 위인들은 모두 이 과정을 통과하고 견뎌낸 사람들이다. 인내의 과정을 거뜬히 이겨내고 흔들림 없이 걸어간 사람들이 그렇게 할 수 있었던 단 한 가지 이유는, 그들에게는 반드시 성공할 것이라는 확신이 있었기 때문이다. 이 성공에 대한 확신은 자신감에서 비롯되기에 성공의 첫 번째 비밀은 자신감이라고 주장하는 사람들이 적지 않다.

그러한 사람들 중에 한 명이 바로 시인이자 철학자인 랠프 왈도 에머슨이다.

"성공의 첫 번째 비밀은 자기신뢰다. 자기신뢰란 당신이 이 세상에 나온 것은 조물주에 의한 것이며, 당신에겐 당신만의 특별한 미션이 부여되었다는 것을 믿는 것이다."

자동차왕이었던 헨리 포드는 "어떤 일을 할 수 있다고 믿든 할 수 없다고 믿든, 아마도 당신이 믿는 그대로 될 것이다"라는 심오한 말을 남겼다. 그의 말처럼 우리는 우리의 믿음과 확신과 기대와 예측에 의한 삶을 살아가게 된다. 그렇기 때문에 하버드대학교의 윌리엄 제임스 박사는 신념이 바뀌면 인생이 바뀐다고 말한 것이다.

"신념이 실제 사실을 만들어낸다. 우리 세대의 가장 위대한 혁명은 내면의 정신세계를 바꿈으로써 외부 세계를 변화시킬 수 있다는 것의 발견이다."

성공에 대한 신념과 확신이 성공을 만들어내며, 당신으로 하여금 성공이라는 정상에 오르도록 이끈다. 따라서 성공을 확신하는 것은 매우 중요하다.

다행스러운 사실 중에 하나는, 우리에게 지금까지는 성공에 대한 그 어떤 확신도 없었음에도 불구하고 새로운 확신을 가질 수 있다는 것이다.

세상에 태어날 때 우리는 몸만 벌거벗은 채로 태어나는 것이 아니다. 그 어떤 마음과 확신과 신념도 모두 벗어놓은 채로 태어난다. 살아가면서 우리 몸에 맞는 옷을 입듯이, 신념과 확신도 마찬가지다.

우리는 우리의 생각과 사고와 의식에 맞는 신념과 확신을 새롭게 만들면서 살아간다. 그리고 우리가 창조한 신념과 확신은 우리와 우리의 인생을 창조한다. 즉, 성공에 대한 신념과 확신이 없다면 우리는 성공할 수 없다. 성공을 확신한 만큼 성공할 수 있다.

상황이나 결과나 조건은 항상 변한다. 하지만 변하지 않는 단 한 가지는 우리의 신념이며 확신이다. 당신의 신념과 확신이 강하고 굳건할수록 당신이 그것을 이룰 확률이 높아진다.

"인간은 빵보다는 확신에 더 많이 의존하며 산다."

프랑스의 낭만파 시인이자 대중적인 작가 빅토르 위고의 이 말처럼, 우리는 확신에 더 많이 의존하고 더 많은 영향을 받으며 사는 존재이다. 그렇기 때문에 자신의 성공과 눈부신 미래에 대해 확고한 신념을 가지는 사람과 그렇지 못한 사람의 삶은 실제로 엄청난 격차가 생길 수밖에 없다.

우리가 성공을 확신할 때 유익한 점 중 하나는 실패가 아닌 성공에 초점을 맞추며 살아갈 수 있다는 점이다. 무엇에 초점을 맞추며 살아가느냐는 매우 중요하다. 그것은 우리의 의식과 사고를 어디에 집중하며, 무엇에 노출하며, 무엇을 각인하면서 살아가느냐와 같은 말이기 때문이다.

실패하는 사람, 가난하게 사는 사람, 불행하게 사는 사람들은 대부분 자신도 모르게 실패와 가난과 불행에 초점을 맞추면서 살아간다. 그들은 누구를 만나든지, 혼자 무엇을 생각하든지 자신의 실패와 가난과 불행한 삶에 대해 생각하고 말한다. 우리의 잠재의식이 우리가 초점을 맞추는 것에 의식과 사고가 집중되도록 이끌기 때문이다. 결국 우리가 무의식 속에서 집중하게 되는 바로 그것이 우리의 삶이 지향해서 나아가는 목적지와 방향이 된다.

알베르트 아인슈타인은 이러한 사실을 잘 알고 있었기 때문에 "문제에 집착하지 말고 해결안에 초점을 두어라!"라고 말했다.

우리가 성공을 확신한다는 것은 성공에 초점을 두는 것이며, 성공에 초점을 두면 우리의 잠재의식은 성공으로 가는 최단거리를 찾아내게 된다. 그것이 바로 스티브 잡스와 빌 게이츠, 워런 버핏, 조지 소로스, 오프라 윈프리, 버락 오바마 등이 따랐던 직관이다.

우리가 성공을 확신할 때 교과서에 없는, 그리고 남들이 제시해 주는 길이 아닌 자신만의 차별화된 길을 스스로 개척하며 당당하게 갈 수 있게 된다. 바로 그때가 당신에게 눈부신 성공과 미래가 열리는 순간임을 알아야 한다.

지금 당신의 현실과 상황이 아무리 어둡더라도, 당신이 해야 할 한 가지는 당신의 눈부신 미래와 성공을 확신하는 것이다. 확신할 때 없던 길도 생기고, 닫혔던 문도 열린다. 확신하는 만큼 이루어질 것이다.

"내일의 꿈을 실현하는 데 있어 그것을 가로막는 유일한 것은 오늘의 의심이다. 강한 확신을 가지고 앞으로 나아가라."

프랭클린 D.루스벨트의 말처럼 우리의 성공을 가로막는 유일한 것은 현재의 의심, 자신에 대한 의심뿐이다. 우리에게 강한 확신만 있다면 성공은 가능하다.

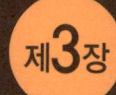

제**3**장

크고 담대한 목표를
가지고 성공을 경영하라

"비록 실패하더라도 큰 것을 감행하는 편이 훨씬 큰 즐거움이 있으며, 고통도 작은 일일수록 크고 큰일일수록 작아지는 반비례 관계가 있는 것이다. 왜냐하면 큰일이란 당초부터 승리도 패배도 초월한 마음가짐이 아니고서는 감히 도전할 수 없기 때문이다."

– 루스벨트

01 학습하고 계획하여 목표를 성취하라

성공은 성공에 대한 학습과 성공을 예측하는 생각과 계획된 행동의 결과라고 말할 수 있다. 성공적인 인생이라면 그저 되는 대로 대충대충 운이 좋아 만들어지는 그런 시시한 것이 아니다. 큰 빌딩이나 교각을 만들려면 정확한 설계도가 필요하고, 그 설계도에 따라 빈틈없이 지어져야 하는 것처럼 성공 역시 명확한 계획에 의해 하나하나 일구어가는 창작물이며 결과물이다.

계획하지 않고도 위대한 성공을 거둔 사람들은 이 세상에 존재하지 않는다. 처음에는 비록 무모하게 달려들었다 해도 계획을 세우고 하루하루 다듬어가면서 위대한 성공이 모습을 갖추게 되는 것이다.

계획된 도시일수록 도로가 잘 정비되어 있고 공간이 효율적으로 정리되어 있는 것처럼, 성공 또한 계획할수록 더욱 더 멋진 성공이 될 수 있다.

맥스웰 몰츠의 『성공의 법칙』에 성공의 일곱 가지 필수 구성 요소가 소개되고 있다.

SUCCESS 성공

S_ Sense of direction 방향감각(목표)

U_ Understanding 이해

C_ Courage 용기

C_ Charity(Compassion) 관용(동정)

E_ Esteem 존중

S_ Self-confidence 자신감

S_ Self-acceptance 자기 긍정

이 일곱 가지 요소는 성공하는 유형의 사람들이 가지고 있는 성격과 같다. 맥스웰 몰츠는 첫 번째 성격으로 방향감각, 즉 목표의식을 중요시했음을 알 수 있다. 그가 목표의 중요성에 대해 강조한 대목을 살펴보자.

기능적으로 볼 때 인간은 어떤 면에서 자전거와 같다. 자전거는 오직 앞으로 나아갈 때만 균형과 평형을 유지할 수 있다. 인간은 목표를 추구하며 살아가도록 방향이 설정되어 있는 것이다.

우리 인간은 자신에게 주어진 환경을 극복하고 문제를 해결하며 목표를 달성하기 위해 태어났으며, 정복할 대상과 성취할 목표가 없다면 진정한 만족이나 행복을 느낄 수 없다. 인생이 가치가 없다고 말하는 사람들은 실제로는 그들 자신이 아무런 가치가 없는 목표를 가지고 있다고 말하는 셈이다.

미래에 대한 희망은 우리를 젊게 만든다. 더 이상의 목표를 추구하지 않고 미래에 대한 기대도 없다면 우리의 신체 또한 제대로 움직이지 않는다. 퇴직 후 얼마 안 되어서 사람들이 종종 죽는 이유가 바로 이 때문이다.

지향하는 목표가 없고 기대하는 바도 없다면 진정으로 살아 있다고 볼 수 없다. 그리고 오로지 개인적인 목표만이 아니라 다른 사람을 위한 목표도 최소한 하나쯤은 지녀보자. 주위 사람들에게 도움이 되는 일에도 관심을 가져야 하는 것이다. 하지만 이것은 의무감이라기보다는 마음에서 우러나와야 한다.

그의 말처럼 우리는 목표를 추구하며 살아가도록 방향이 설정되어 있는 존재이다. 그렇기 때문에 크고 높고 담대한 목표, 의미와 가치가 있는 목표, 자신의 피를 끓게 하고 가슴 뛰게 하는 목표를 가지고 있는 사람과 별 볼 일 없는 목표조차 가지고 있지 않은 사람은 모든 게 달라지는 것이다.

우리로 하여금 진정한 만족이나 행복을 느끼게 해주는 것은 적극적으로 그리고 능동적으로 무엇인가를 성취해나가고 달성하는 과정이다. 그래서 수동적으로 로또에 당첨된 사람들이 진정한 삶의 만족이나 행복을 느끼지 못하는 것이다.

우리가 살아가는 데 있어서 지향하는 목표가 없다면 그것은 진정으로 살아간다고 말할 수 없는 것이다. 그저 생물학적인 생명만 연장하는 삶에는 아무런 가치나 재미, 즐거움이나 감동, 기쁨이나 행복이 없기 때문이다.

우리는 숭고한 목표를 설정하고 추구할 수 있는 존재들이다. 그리고 자신을 스스로 존귀하게 만들 것인지 아니면 비천하게 만들 것인지는 우리가 어떤 목표를 가지고 살아가느냐에 따라 결정된다고 해도 과언이 아니다.

당신이 추구하는 목표를 보면 당신이 위대한 존재인지 평범한 존재인지를 거의 알 수 있는 것은 이 때문이다. 성공을 하고 못 하고는 당신이 가진 재능에 의해 결정되는 것이 아니라 당신이 가진 목표의 유무와 크기에 따라 결정된다고 말할 수 있다.

성공은 목표를 성취하는 것이며, 목표 성취를 위해 한 걸음 한 걸음 옮겨가는 계획된 과정이며 결과이다.

가능성에 초점을 맞춰야 한다

　성공하는 사람과 평생 동안 성공다운 성공을 한 번도 하지 못하고 평범하게 살아가는 사람들의 차이는, 어디에 초점을 맞추고 집중하며 사느냐이다. 성공하는 사람들은 일반적으로 가능성에 초점을 맞추고, 가능성에 인생을 건다. 하지만 한 번도 성공다운 성공을 못해본 사람들은 가능성이 아닌 안전에 초점을 맞추고 집중하며 그것에 전부를 걸고 살아간다.

　그 결과 그들은 어떤 성공도 경험하지 못하지만 동시에 그 어떤 실패도 경험하지 못한다. 그래서 그들은 살면서 큰 실패를 하지 않은 것을 자랑스럽게 여긴다. 하지만 문제는 큰 실패는 없었지만 그들의 삶은 별반 나아지지 않았다는 것이다.

　그들은 안전을 중시하기 때문에 크게 위험하거나 실패할 만한 것에는 도전조차 하지 않는다. 그런데 수영장과 정원이 딸린 큰 저택에서 살아가는 성공한 사람들은, 안전보다는 모험을 중시하고 가능성에 초점을 맞춘다. 즉, 그들은 위험한 도전에 기꺼이 다가간다. 그리고 온몸을 던져 위험하고 담대한 도전을 즐긴다. 그래서 그들은 멋진 실패도 여러 번 겪는다.

빈털터리가 되어 길거리에 내쫓기는 수모도 겪고, 평범한 사람들이 평생 겪지 않는 큰 실패도 겪는다. 하지만 그럼에도 불구하고 그들은 여전히 큰 저택에서 고급차를 타고 부자로 살아간다.

그 차이는 무엇일까?

가능성에 초점을 맞추어 살아간다는 것은 성공을 배우고 예측하고 경영하고 관리한다는 것과 일맥상통한다. 평범한 사람들은 안전을 중시하여 성공에 대해 배울 수 있는 좋은 기회들을 스스로 포기해버린다. 하지만 비범한 사람들은 가능성에 초점을 맞춤으로써 성공에 대해 배울 수 있는 기회를 스스로 만들어낸다.

도전과 모험을 통해 실패를 경험한다 해도 그들은 실패보다 더 큰 성공에 대해 배우게 된다. 그러한 배움은 그들로 하여금 큰 성공을 할 수 있도록 발판이 되어준다. 그러한 발판을 가진 그들이 성공하는 것은 시간문제이다.

에이브러햄 링컨은 이런 말을 했다.

"어떤 일이든 할 수 있고, 이루어진다고 마음먹어라. 그리고 그 방법을 찾아라."

그의 말처럼 우리는 할 수 있다는 가능성에 초점을 맞추어야 한다. 가능성에 초점을 맞추어야 하는 이유는 그렇게 할 때 가능한 방법을 생각할 수 있고, 찾을 수 있기 때문이다. 그러한 방법을 찾을 수 있게 되면, 그것의 실현은 이제 시간문제가 되는 것이다.

'하는 일마다 잘 되리라'라는 말로 유명한 차동엽 신부가 자신의 베스트셀러인 『무지개 원리』에서 주장하는 일곱 가지 무지개 원리는 결국 '가능성'에 초점을 맞춘 만사형통의 법칙이다.

1원리 | 긍정적으로 생각하라.

2원리 | 지혜의 씨앗을 뿌리라.

3원리 | 꿈을 품으라.

4원리 | 성취를 믿으라.

5원리 | 말을 다스리라.

6원리 | 습관을 길들이라.

7원리 | 절대로 포기하지 말라.

이러한 일곱 가지로 대변되는 무지개 원리의 캐치프레이즈는 '당신도 할 수 있다. 당신도 가능하다'이다. 긍정적으로 생각하는 것도, 꿈을 품는 것도, 성취를 믿는 것도, 말을 다스리고 습관을 길들이는 것도, 절대로 포기하지 않고 씨앗을 뿌리는 것도, 모두 가능성에 절대적으로 초점을 맞추기 때문에 가능한 행동들이다.

재미있는 사실은, 똑같은 일을 겪어도 가능성에 초점을 맞추는 사람과 불가능성에 초점을 맞추는 사람으로 나누어진다는 사실이다. 이들이 각각 성공하는 사람과 실패하는 사람, 낙관주의자와 비관주의자이다.

"비관론자는 매번 기회가 찾아와도 고난을 본다. 낙관론자는 매번 고난이 찾아와도 기회를 본다."

제2차 세계대전을 승리로 이끈 위대한 지도자 윈스턴 처칠은, 자신의 이 말처럼 암울했던 시대에도 기회를 엿보며 가능성에만 초점을 맞춘 인물이었다. 그가 위대한 지도자로, 노벨 문학상 수상 작가로 큰 성공을 거둔 인생을 살 수 있었던 단 한 가지 이유는 언제나 '가능성'에 초점을 맞추었기 때문이다.

이러한 사실은 그의 어린 시절을 보아도 잘 알 수 있다. 그는 재능이 뛰어난 학생도 아니었고, 머리가 좋은 학생도 아니었다.

'될성부른 나무는 떡잎부터 알아본다'라는 말이 매우 나쁜 말이라는 사실을 처칠의 삶에서 잘 알 수 있다. 윈스턴 처칠은 전혀 될성부른 나무의 떡잎이 아니었다. 그러나 떡잎이 아무리 초라하고 희망이 없어 보여도 가능성에 초점을 맞추고 노력하는 사람은 큰 나무가될 수 있다는 사실을 그는 보여주었다.

'품행이 나쁜 믿을 수 없는 학생으로, 의욕과 야심이 없고 다른 학생들과 자주 다투며, 상습적으로 지각하고 물건을 제대로 챙기지 못하며 야무지지 못하다.'

생활기록부에 있는 그의 어린 시절을 기록한 내용이다. 시험만 치면 누구나 쉽게 들어갈 수 있었던 당시의 사관학교를 삼수 끝에 겨우 들어갈 만큼 둔재였던 윈스턴 처칠은 2002년 BBC가 영국인 백만 명을 대상으로 조사한 '위대한 영국인 100명'에서 아이작 뉴턴과 셰익스피어를 제치고 1위를 차지할 정도로 위대한 삶을 살았다.

그는 자신의 말처럼 매번 고난이 찾아오는 현실 속에서도 가능성에 초점을 맞출 줄 알았다. 그러한 자세는 그로 하여금 위대한 작가로서 노벨 문학상을 수상할 정도로 다양한 분야의 저작을 저술하는 정력을 이끌어내주었고, 전란의 소용돌이 속에서 풍전등화 같았던 조국에 제2차 세계대전의 승리라는 선물을 안겨준 위대한 정치인이 될 수 있게 해주었다.

전략적으로 사고하고 효율적으로 접근하라

전략_{Strategy}이란 무엇인가? 그리고 왜 성공을 가장 전략적인 것이라고 하는가? 이 두 가지 핵심 질문에 제대로 대답하기 위해 먼저 전략에 대해서 살펴보아야 하겠다.

전략이라는 말의 유래는 '군대를 이끈다'라는 뜻의 그리스어 '스트라테고스_{strategos}'이다. 장군이 군대를 이끌어 승리하도록 지휘하는 것을 연상시키는 말이 바로 전략이다. 여기서 좀 더 확장되어 '특정한 목표를 달성하기 위해 계획적으로 군대 같은 자원과 자본 등을 이끌기 위해 계획을 세운다'는 뜻이라고 할 수 있다.

'전략적'이라는 말은 이제 정치, 사회, 문화, 스포츠 등뿐만 아니라 일상생활 전반에서 다방면으로 활용되고 있다. 즉, 인류가 활동하는 모든 분야에 다양하게 접목시킬 수 있다. 특히 기업의 경영자들은 이 말을 매우 좋아하는 듯하다. 그들은 '경영 전략'이라는 말을 자주 사용한다.

비즈니스 전략이 다른 기업과의 경쟁에서 우위를 확보하는 것이 목표라면, 성공 전략은 '어떻게 정상의 자리에 오를 것인가?'가 목표라고 할 수 있다.

전략이 목표를 달성하기 위해 계획을 세우는 것이라고 한다면, 성공은 가장 전략적인 것이라고 할 수 있다. 성공은 무엇인가를 목표로 그것을 달성한다는 어원을 담고 있는 말이기 때문이다.

다시 말해, 가장 전략적인 접근을 통해 성취해야 할 것이 바로 성공이다. 전략적인 사고와 접근을 한다면 성공은 이룰 수 있는 것이 된다. 하지만 전략적인 사고와 접근을 무시하고 무데뽀로 덤벼든다면 성공은 보장받기 힘들다.

전쟁을 할 때 리더가 누구인가에 따라 결과가 달라지는 것은 리더들이 얼마나 전략을 잘 세우고 그것을 실천했느냐가 달라지기 때문이다. 즉, 똑같은 병력과 환경과 조건에서도 리더에 따라 승패가 좌우되는 것은 리더의 전략에 차이가 있기 때문이다.

성공도 전략을 어떻게 세우느냐에 따라 재능과 역량이 다소 부족해도 가능할 수 있다. 바로 이런 점에서 성공은 전쟁보다도 가장 전략적인 것이라고 하겠다.

부족한 능력과 인맥과 조건을 가지고도 성공하는 사람들은 전략을 잘 세울 줄 안다. 최고의 전략은 낭비를 막아주고, 가장 효율적으로 목표에 다가가도록 해준다. 따라서 성공은 전략적인 사람만이 가능한 것이라고 할 수 있다.

필자가 좋아하는 말에 'simple is best'라는 말이 있다. 단순한 것이 가장 좋다는 말이다. 이 말에는 큰 의미가 담겨 있다. 위대한 성공자들을 자세히 살펴보면 매우 단순한 삶을 살았다는 사실을 발견할 수 있다. 그들이 단순한 삶을 살았던 것은 바로 그들이 자신들의 목표와 성공을 이루기 위해 가장 전략적인 삶의 방식을 알게 모르게 선택했던 것이라는 의미이다.

돋보기가 종이를 태우기 위해서는 한 점에 집중되어야 하듯 성공을 이루기 위해서는 전략적이 되어야 한다. 그래야 우리에게 주어진 자원과 재능과 환경을 성공이라는 하나의 목표에 집중시킬 수 있기 때문이다.

그렇다면 최고의 전략이란 무엇일까? 그것은 자신의 숨겨진 모든 재능과 잠재력을 100퍼센트 발휘해냄으로써 자신이 할 수 있을 것이라고는 상상도 못한 일을 해낼 수 있게 해주는 전략이다. 이러한 전략은 때로는 무모하게 보인다. 하지만 이것이 최고의 전략이다. 마치 로버트 슐러의 '절벽 가까이로 부르셔서'라는 시에 나오는 것처럼 더 이상 도망갈 수 없는 절벽 끝에 서게 한 다음, 절벽 아래로 밀어버리는 것 같은 전략이다.

절벽 가까이로
나를 부르셔서 다가갔습니다.
절벽 끝에 더 가까이 오라고 하셔서
더 가까이 다가갔습니다.
그랬더니 절벽에
겨우 발을 붙이고 서 있는 나를

절벽 아래로

밀어버리시는 것이었습니다.

물론 나는

그 절벽 아래로 떨어졌습니다.

그런데 나는 그때서야 비로소 알았습니다.

내가 날 수 있다는 사실을.

　누군가 성공을 했다면, 그는 자신이 미처 몰랐던 사실, 즉 자신이 날 수 있다는 사실을 비로소 깨닫게 된 사람일 것이다. 성공이란 자신도 미처 몰랐던 자신의 재능과 능력을 100퍼센트 발휘하는 방법을 알게 될 때 비로소 가능한 것이기 때문이다.

　따라서 최고의 전략은, 자기 자신을 날마다 벼랑 끝에 세우고 그곳에서 과감하게 뛰어내리게 해주는 전략이다. 그러한 전략이 있는 사람과 없는 사람의 차이는 날 수 있다는 사실을 발견하고 날아다니는 사람과 날 수 있음에도 평생 그 사실을 발견하지 못한 채 기어다니는 사람의 차이라고 할 수 있다.

　성공한다는 것은 결국 평생 기어다니다가 나는 법을 배워서 비상하게 되는 것을 의미한다. 따라서 기어다닐 때 사용했던 평범한 전략은 무용지물이다. 그러한 전략은 절대 당신이 날 수 있다는 사실을 깨우쳐주지 못하기 때문이다.

　이제부터 당신에게 필요한 것은 당신이 날 수 있다는 사실을 확실하게 깨우쳐줄 수 있는 최고의 전략이다.

04 크고 위험하고 대담한 목표를 가져라

"많이 즐기지도 못하고 그렇다고 뼈아픈 고통도 겪어보지 못한 영혼이 가난한 자들과 겨루기보다는, 실패하는 한이 있더라도 위험을 무릅쓰고 큰 것을 추구하여 빛나는 승리를 거두는 것이 훨씬 더 낫다."

시어도어 루스벨트의 말처럼, 시시한 목표를 가진 채 평범함에 집착하며 살아가기보다는, 실패할 가능성이 있더라도 크고 위험하고 대담한 목표를 추구하는 편이 훨씬 더 낫다.

성공을 경영하고 싶다면, 가장 먼저 제대로 된 목표를 가져야 한다. 그리고 그 중요성도 반드시 알아야 한다. 제대로 된 목표란, 당신으로 하여금 당신이 할 수 있는 최고의 성공을 할 수 있게 해주는 목표를 말한다. 그러니 목표를 잘못 잡게 되면 성공을 경영할 수 없는 것은 당연하다.

또한 제대로 된 목표란, 당신으로 하여금 당신이 해낼 수 있는 최고의 일을 발견하고 최고의 자신을 대면할 수 있게 해주는 목표를 의미한다. 우리가 위험하지만 크고 대담한 새로운 목표를 가져야 하는 이유는, 우리가 늘 가지던 평범하고 시시한 목표로는 새로운 것을 얻지 못하며, 새로워지지도 못하기 때문이다.

크고 위험하고 대담한 목표를 가지는 것은 자신을 벼랑 위에 세운 후에 천길만길 아래로 떨어지게 하는 효과가 있다.

우리 모두는 벼랑에서 떨어져보기 전에는 우리가 날 수 있다는 사실에 대해서 결코 명확하게 알 수 없는 존재들이다. 또한 새롭고 크고 위험하고 대담한 목표를 가져보기 전에는 우리가 그러한 큰 목표를 달성해낼 수 있는 사람인지 정확하게 알지 못한다.

위대한 천재들은 항상 자신을 실험하고, 자신을 벼랑 위에 세우고는 크고 위험하고 대담한 목표를 가지는 것을 즐겼고, 평생 그것을 위해 살았다고 해도 과언이 아니다.

이러한 인물 중에 한 명이 파블로 피카소이고, 지그문트 프로이트이고, 마사 그레이엄이다. 그들뿐만 아니라 빌 게이츠, 오프라 윈프리, 버락 오바마, 스티브 잡스 역시 이런 인물들이었다.

미국 역사상 최초의 흑인 대통령이 된 버락 오바마가 자신이 대통령이 될 것이라는 사실을 정확하게 알게 된 때는 그가 대통령으로 당선된 때일 것이다. 그전에는 본인을 비롯하여 모든 사람들이 '과연 흑인이 미국의 대통령이 될 수 있을까?'라는 의문을 제기했음을 우리는 알고 있다.

우리가 대통령이 되든, 대기업의 회장이 되든, 유명한 배우나 가수가 되든, 되어보기 전에는 우리가 될 수 있는지 없는지를 알 수 있는 사람은 세상에 단 한 명도 존재하지 않는다. 바로 이런 이유 때문에 우리는 지금까지 단 한 번도 가지지 않았던 새롭고 크고 위험하고 대담한 목표를 가져야 할 필요가 있는 것이다. 특히 최고의 삶을 살고 싶다면 반드시 그렇게 해야 한다.

05 마음을 비울 때
기적이 다가온다

심리학자인 여현덕 작가의 책 『나를 뛰어넘는 도전』에 우리가 풍
요롭고 부족함이 없을 때가 아니라 모든 것이 부족할 때 비로소 잠
재력이 깨어난다는 사실을 표현한 대목이 나온다.

『연금술사』를 써서 세계적으로 명성을 떨치고 있는 파울로 코엘
료는 "모든 것을 잃어버려 더 이상 잃을 게 없는 상황에 이르렀을
때 내면에 '빛'과 같은 존재가 나타나는 것을 경험했다"고 말했다.

인간은 풍요롭고 넘치는 가운데에서 힘이 생기는 것이 아니라,
궁하고 막막하여 막다른 골목에 이르렀을 때 비로소 무궁무진한
잠재력을 발휘한다. 잠들어 있던 거대한 잠재력이 깨어나 자신만
의 신화로 탄생하는 것이다.

앤서니 로빈스가 말한 것처럼 '우리 안에 있는 거대한 잠재력을

일깨우는 것', 그것은 바로 부족함에서 출발해 부족함을 경쟁력으로 바꾸려는 의지(도전 정신과 용기)와 머리(창의), 가슴(열정)이 한데 모일 때 가능하다.

우리가 마음속에 담아두었던 복잡한 모든 것들, 차고 넘치는 모든 것을 다 버릴 때, 그래서 텅 비게 할 때 우리에게 그동안 깨닫지 못한 능력이 스며들어온다.

『마음을 비우면 얻어지는 것들』의 저자이자 MBC 보도국 기자인 김상운 작가는 자신의 책을 통해 '그토록 얻으려 했던 것들이 마음을 비우자 저절로 굴러들어왔다'고 말한다.

우리의 가장 큰 문제는 너무 많은 것들을 마음속에 집어넣는 것이다. 온갖 잡동사니를 마음속에 담아놓으면 우리의 마음은 쓰레기통에 불과하다. 그런 쓰레기통 속에서 어떤 위대한 작품과 힘이 솟아날 수 있을까?

우리가 마음속에 넣어둔 모든 것을 꺼내서 버릴 때, 우리의 삶에 기적이 일어난다는 사실을 명심하자. 욕심도, 절망도, 슬픔도, 분노도, 모두 마음에서 꺼내어 완전하게 비울 때 우리 인생의 기적과 성공은 거짓말처럼 다가온다.

성공이나 욕심에 집착할 경우 지금 당장 어떤 일을 하더라도 절대 집중할 수 없게 된다. 마음이 너무 앞서가기 때문이다. 그것은 노자가 『도덕경』 제7장에서 다음과 같이 말한 것과 같은 이치이다.

하늘과 땅은 영원한데

하늘과 땅이 영원한 까닭은
자기 스스로를 위해 살지 않기 때문입니다.

성인도 마찬가지,
자기를 앞세우지 않기에 앞서게 되고,
자기를 버리기에 자기를 보존합니다.

나를 비우는 것이
진정으로 나를 완성하는 것 아니겠습니까?

이 말처럼 우리가 이기적인 마음을 완전하게 비우고, 마음속에 들어 있는 온갖 잡동사니를 내버리고, 자신의 성공이나 권력이나 명예에 집착하지 않는다면, 우리는 생존에 필요한 지혜를 얻게 되고, 성공할 수 있는 자신으로 발전하게 된다.

우리가 성장이나 발전하지 못하고 진정으로 자신을 완성할 수 없는 가장 큰 걸림돌은, 바로 자기 자신을 내세우고, 자신을 비우지 못하고, 성공과 부귀에 너무 집착하기 때문이다.

『논어』의 「자로편 子路篇」에 나오는 이야기도 이와 같은 이치에 대해 알려준다.

자하 子夏가 거보라는 고을의 태수가 되어, 공자에게 정치를 잘하는 방법에 대해 질문을 했다.

"선생님, 어떻게 해야 정치를 잘할 수 있습니까?"

공자는 다음과 같이 대답했다.

"급히 서두르지 말고, 작은 것에 집착하지 않아야 한다. 급하게 서두르면 일이 성사되기 어렵고, 작은 것에 매달리다 보면 큰일을 이루지 못하기 때문이다."

바로 이 말이 유명한 '욕속부달 欲速不達 욕교반졸 慾巧反拙'의 유래가 되었다. 욕심과 명예에 집착하고 너무 잘하려고 하다 보면, 오히려 일을 망치게 되는 경우가 많음을 경계하라는 말이다.

오래전에 고도원의 아침편지에 소개된 '열대림 원숭이 사냥법'을 읽고 매우 감동한 기억이 있다. 욕심과 욕망을 가지고 있는 동물이 인간만이 아니라는 사실에 한 번 놀랐고, 그 사실을 통해 우리 인간의 욕심 또한 얼마나 위험한 것인가에 대해서 또 한 번 놀랐다.

인도의 열대림에서는 매우 특이한 방법으로 원숭이를 사냥한다. 작은 나무 상자 속에 원숭이들이 매우 좋아하는 견과류를 넣는다. 그러고 나서 상자 위쪽에 원숭이 손만 겨우 들어갈 정도의 작은 구멍을 뚫어놓는다. 그렇게 하면, 원숭이들은 상자 속의 견과류를 먹기 위해, 상자의 작은 구멍에 손을 넣어 먹이를 움켜쥔다. 하지만 상자의 구멍은 워낙 작게 만들어놓았기 때문에, 절대 견과류를 움켜쥔 주먹이 빠지지 않는다는 것이다. 이때 원숭이가 견과류를 포기하면, 손을 넣을 때와 마찬가지로 뺄 수 있게 된다. 하지만 놀랍게도 원숭이는 절대로 견과류를 포기하지 않는다는 것이다. 사냥꾼들이 옆에 다가오는 것을 빤히 보면서도 절대 견과류를 포기하지 않는다. 그 결과 사냥꾼들에게 잡혀, 다시는 밀림의 자유를 맛보지 못한 채, 나락으로 떨어지게 되는 것이다.

이 사실을 알고 나면 우리는 원숭이를 비웃을 수도 있다. 하지만 따지고 보면, 이 원숭이의 모습이 바로 우리 인간의 모습은 아닐까?

우리가 성공하지 못하는 이유는 성공에 너무 집착하기 때문이라고 할 수 있다. 원숭이가 자유를 박탈당하는 이유가 생존의 도구가 되어줄 견과류에 너무 집착하기 때문인 것과 마찬가지이다.

아무리 부자라도 아이들만큼 행복한 어른들을 찾아보기 힘든 이유는, 아이들은 마음속에 그 어떤 찌꺼기도 남겨놓지 않기 때문이다. 아이들은 마음속에 그 어떤 찌꺼기도 남기지 않고 버리는 것이 가능하기 때문에 가장 행복한 날들을 보낼 수 있는 것이지, 그들에게 부와 명예가 있어서 행복하게 살아가는 것은 아니다.

마음속에 있는 것들이 무엇이든 그것을 다 버릴 때 우리는 누구보다 성공적인 삶을 살 수 있고, 행복한 삶을 살 수 있다. 그러므로 버리는 사람이 되자. 마음의 쓰레기를 버릴 때 인생에 기적이 일어나고, 혁명이 일어난다.

일본에서 최단기 50만 부 베스트셀러의 기록을 세운 『버림의 행복론, 단사리』라는 책을 통해 이러한 사실을 좀 더 정확하게 알 수 있다.

이 책에서 주장하는 것은 바로 버림이다. 자세히 말하면, '끊고_{단斷}, 버리고_{사捨}, 떠나라_{리離}'이다. 이 책의 궁극적인 목표 역시 인생 혁명을 통한 성공적인 삶이다. 그런데 방법에 있어서, 이 책이 주장하는 구체적인 내용은 서랍 속부터 시작하는 자기 혁명 프로젝트이다.

이 책의 저자는 오랫동안 평범한 가정주부로서 살아온 모습답게 집안의 청소, 정리정돈을 통한 인생 혁명을 추구한다. 놀라운 사실은 작은 물건들에 대한 정리정돈과 버림을 통해서도 많은 사람들이 삶에 큰 변화를 경험했다고 하는 내용이다.

청소나 정리정돈을 통해서 우리의 어수선했던 마음이 정리되고 좀 더 차분해져서, 일이나 생활에 있어서 효율성을 증가시키고, 일도 더 잘할 수 있게 집중할 수 있는 환경을 제공해주기 때문에 직장에서든 가정에서든 좀 더 나은 생활을 하게 되고, 그러한 작은 차이가 결국에는 큰 결과로 다가와서 직장에서 성공하고 가정에서 행복해질 수 있다는 것이다. 결국 정리정돈을 통해 마음속의 잡다한 것들이 정리되고 버려짐으로써 인생이 달라진다는 것이 저자의 주장이다.

우리가 마음을 비울 때 인생의 궁극적인 성공을 경영할 수 있다는 사실을 보여주는 예가 있다. 욕심을 버려야 장수하고 행복하며 인생의 참된 성공을 이룰 수 있음을 잘 말해주는 이야기이다. 『이기고 시작하라』의 저자 안세영 작가는 자신의 저서에서 고려시대의 명장 강감찬 장군을 통해 그 사실을 말하고 있다.

고려시대 강감찬 장군은 거란의 소배압이 이끈 10만 대군을 귀주에서 대파하고 개경으로 돌아왔다. 현종이 성대한 개선행사를 열고, 직접 영파역지금의 의흥까지 마중 나가 오색비단으로 장막을 치고, 손수 강감찬의 머리에 금화팔지금으로 만든 여덟 송이 꽃 장식를 꽂아주고, 술을 권하며 엄청난 관직을 하사하려 했다. 이때 강감찬의 입에서 튀어나온 말은 매우 의외의 말이었다.

"폐하, 소신은 그런 관직을 맡기에는 너무나 연로하였습니다."

그러곤 진짜 벼슬을 사양하고 낙향해버렸다. 현종은 겉으론 아쉬워했지만 속으론 쾌재를 불렀을 것이다. 대승을 거둬 고려를 구해낸 개선장군이 왕권에 도전하기는커녕 벼슬조차 마다하다니! 이런 현명한 처신 덕분에 강감찬은 당시로서는 드물게 83세까지 장수하며 말년을 편하게 지냈다.

사실 남이 장군 _{조선 전기의 무신}, 임경업 장군 _{조선 중기의 명장} 같이 전쟁에서 승리하고도 왕권의 견제를 받아 아깝게 사라진 인물이 우리 역사에 한둘이 아니다.

이 이야기에서 우리는 두 가지를 생각해야 한다. 인생의 진짜 성공은 큰일을 성취하는 것이 전부가 아니라는 점이다. 진짜 인생의 성공은 큰일을 해내면서 동시에 오랫동안 행복하게 잘 사는 것이라는 점이다.

강감찬 장군은 마음을 비울 줄 알았고, 그 결과 장수하며 오랫동안 잘 살았다. 한번뿐인 인생을 통해 큰일을 하여 이름을 날리고 동시에 무병장수하며 잘 살았다면 그것이 인생을 성공적으로 잘 경영한 것이 아니고 무엇일까? 후자의 두 장군은 인생을 통해 큰일은 해냈지만, 마음을 비울 줄 몰랐기 때문에 아깝게 제거되었던 것이다.

참된 인생의 성공은 마음을 비울 때 비로소 가능한 것임을 알아야 한다. 『도덕경』 제9장에 이와 비슷한 이야기가 나온다.

넘치도록 가득 채우는 것보다

적당할 때 멈추는 것이 좋습니다.

너무 날카롭게 벼리고 갈면 쉬 무디어집니다.
금과 옥이 집에 가득하면 이를 지킬 수가 없습니다.

재산과 명예로 자고해짐은 재앙을 자초함입니다.

일이 이루어졌으면 물러나는 것,
하늘의 길입니다.

우리 한국 사회에 가장 필요한 것은 더 높은 부와 명예가 아니라 적당할 때 멈추는 것, 마음을 비우는 것이다. 마음을 비울 때 비로소 행복해지고, 성공적인 삶을 살 수 있다.

06

시간 경영이
성공 경영의 80퍼센트이다

피터 드러커는 '시간은 가장 희소한 자원이다. 따라서 시간을 관리하지 못하는 사람은 다른 어떤 것도 관리하지 못한다'라고 말했다. 돈도 무한하고, 자원도 무한하다고 해도 과언이 아니지만, 시간은 절대적으로 유한하다고 말할 수 있다. 따라서 시간은 가장 중요한 자원이다.

우리가 추구하는 행복과 건강, 부와 명성은 모두 시간이 낳는 결과이다. 우리가 시간을 얼마나 잘 경영하느냐에 따라 성공과 실패가 판가름 난다고 하겠다.

우리 모두는 24시간이라는 동일한 양의 자원을 매일 부여받아 사용한다. 하지만 누구는 그 24시간을 48시간인 것처럼 활용하고, 또 어떤 사람은 12시간도 안 되는 것처럼 사용한다. 그 차이는 어디서 오는 것일까?

바로 시간을 얼마나 잘 경영하고 효율적으로 사용할 수 있느냐이다. 시간을 잘 경영하여 하루를 48시간처럼 사용하는 사람들은 몇 가지 특징이 있다. 그들은 대부분 성공하였거나 성공적인 삶을 살아가고 있는데, 그들의 특징 중 하나는 일찍 일어난다는 것이다.

물론 특별한 직업을 갖고 있어서 새벽에 잠을 자기 때문에 정오가 다 되어야 일어나는 사람들도 있다. 하지만 현대사회의 특성상 대부분의 성공한 사람들은 오전 여섯 시 이전에 일어나는 경향이 매우 높다고 한다.

아침 아홉 시나 열 시에 일어나는 사람이나 일어나자마자 출근하기에 급급한 사람과, 매일 새벽 다섯 시에 일어나서 출근하기 전까지 최소한 세 시간의 여유가 있는 사람의 인생은 3년 후, 5년 후, 그리고 10년 후에는 하늘과 땅 차이만큼 크게 벌어질 것이 분명하다.

새벽에 일찍 일어나면 물리적인 시간의 여유를 가질 뿐만 아니라, 그 시간이 하루 중에 머리가 가장 맑고 창조적인 시간대이기 때문에 그전에는 생각할 수 없었던 눈이 번쩍 뜨이는 기발한 아이디어가 샘솟는 경험을 할 수 있다. 그뿐만 아니라 그날 하루의 계획도 세울 수 있고, 전에는 엄두도 내지 못했던 독서를 할 수도 있고, 인생 이모작을 위해서 새로운 분야에 도전하여 공부를 할 수도 있다.

이러한 생활이 10년 정도 쌓이면 새벽에 일어나서 가장 창조적이고 몰입이 잘 되는 세 시간을 활용한 사람은 사실 오후나 저녁에 여섯 시간을 활용하여 공부를 한 사람보다 더 큰 효과를 얻게 되기 때문에, 그 격차는 엄청나게 벌어진다.

출근 시간에 쫓겨서 출근하게 되면 러시아워로 인해 출근 시간이 길어지므로 낭비하는 시간이 적지 않다. 하지만 새벽에 일찍 일어나서 이른 시간에 출근하는 사람들은 단 몇십 분이라도 절약할 수 있다. 매일 절약한 그 시간에 창조적인 공부나 일을 한다면 그것도 무시 못할 큰 경쟁력이 되어주고, 성공의 밑거름이 되어주는 것이다. 즉, 시간 경영은 날마다 낭비하게 되는 작은 틈새 시간을 잘 활용하는 것이라고 말할 수 있겠다.

시간 경영을 잘하기 위해서 우리가 반드시 알아야 할 법칙이 하나 있다. 바로 영국의 경영학자 파킨슨이 주창한 사회 생태학적 법칙인 '파킨슨의 법칙'이다. 공무원의 수가 증가하는 것은 일의 양이 많아졌기 때문이 아니라, 상급 공무원들이 자신의 세력을 확장하고 더 진급하기 위하여 부하의 수를 의도적으로 늘렸기 때문이라는 것이다. 즉, 공무원의 수는 일의 양에 비례해서 많아지는 것이 아니라는 것이다.

그는 자신이 근무한 영국 해군성 사례를 통해 이 법칙을 발견해 냈다. 영국 해군에서 1914년 62척이던 주력 군함이 14년 후인 1928년에는 20척으로 67.7퍼센트나 줄었지만 이와 관련된 일을 하는 해군성 공무원 수는 오히려 78.4퍼센트가 늘어나 2천 명이었던 공무원 수가 3,569명이 되는 이상한 현상을 발견했다. 그는 이와 비슷한 사례를 식민성 공무원 수가 2차 세계대전 이후 식민지 국가들의 잇단 독립으로 인해 할 일이 급감했음에도 불구하고 372명에서 1,661명으로 오히려 늘어났던 것을 통해 발견하게 되었다.

파킨슨 제1법칙은 업무량과 공무원 수는 아무 관련이 없다는 것이다. 파킨슨 제2법칙은 지출은 수입만큼 증가한다는 것, 즉 세금을 많이 거둘수록 정부의 씀씀이도 커진다는 것이다. 그는 "위대한 성과는 허름한 곳, 즉 작은 조직에서 나온다"고 말하기도 했다.

우리는 파킨슨의 법칙을 역으로 적용해야 한다. 즉, '할당된 시간에 업무나 일을 맞춘다'는 것이다. 만약 누군가 당신에게 한 달 후에 프레젠테이션 강의를 요청한다면 그 일을 하는 데 한 달이라는 시간이 있기 때문에, 좀 더 많은 시간을 투자할 것이다. 그런데 누군가 당신에게 똑같은 프레젠테이션 강의를 요청하면서 3일 후에 해달라고 한다고 가정해보라. 시간이 촉박하므로 당신은 가장 핵심적인 사항을 중심으로 프레젠테이션을 만들고, 가장 효율적으로 강의 준비를 할 것이다.

그런데 두 가지 경우 모두 발표 때 보면, 한 달이라는 시간을 들인 강의나 3일이라는 시간을 들인 강의나 내용이나 질 면에서 동일하다는 사실을 발견하고 놀라게 될 것이다.

한 달이라는 시간이 주어진다고 해서 몇 배 더 좋은 프레젠테이션을 준비하고, 강의를 하는 것은 절대 아니라는 것이다. 자료를 만들고 강의를 준비하는 데 여유를 갖고 하면 일주일 정도나 5일 정도면 된다고 생각하고, 한 달 중에 3주 정도는 불필요한 자료 수집이나 준비를 하게 된다. 물론 더 완벽한 준비를 위해 많은 시간을 투자하는 것이지만 놀랍게도 투자한 만큼의 결과는 절대 나오지 않는다. 즉, 일주일을 더 투자해서 약간 더 좋아지거나 거의 좋아지지 않는다면 당신은 일주일을 낭비한 것과 다름없다.

이러한 원리를 잘 이용하여야 시간 경영을 잘할 수 있다. 이 원리를 토대로 시간 경영을 잘하기 위해서 해야 할 또 다른 한 가지는, 스스로 정한 마감 시간을 준수하라는 것이다.

해야 할 많은 업무들이 있을 때, 타인이 정해준 마감 시간을 버리고, 스스로 마감 시간을 정하는 것이다. 그것도 조금 빠듯한 일정으로 계획을 잡아서, 마감 시간을 확실하게 지키기 위해 노력하면, 놀랍게도 시간을 매우 효율적으로 사용하고 있다는 생각이 들 정도로 많은 일들을 착착 처리하게 된다.

스스로 정한 마감 시간이 없는 사람들은 타인이 정해준 넉넉한 마감 시간을 믿고, 늑장을 부리고, 미루고, 게으름을 피운다. 그렇게 하다 보면 중간에 예상치 못한 일들이 생겼을 경우 마감 시간을 지키지도 못하게 되고, 시간이 넉넉하다는 생각에 불필요한 일들을 만들어 시간을 낭비하게 된다.

스스로 마감 시간을 정해서 어느 정도의 스릴을 느끼게 하는 이유는 우리의 뇌는 느슨한 상황에서 풀가동되지 않을 뿐만 아니라 별다른 흥미도 유발하지 못하기 때문이다. 스스로 마감 시간을 정해놓고 집중할 때 우리의 뇌는 색다른 쾌감과 흥미를 느끼게 되고, 그 일에는 우리 스스로도 알지 못하는 잠재 능력이 발휘된다. 그래서 그 일을 마칠 때쯤 되면 자신이 한 일이 틀림없음에도 자신이 그 일을 했다는 것에 대해 놀라움을 금치 못하는 상황이 벌어진다. 이러한 상황은 마감 시간을 스스로 정해서 시간을 경영할 줄 아는 사람만이 누릴 수 있는 경험이다.

첫째, 새벽에 일찍 일어나는 것. 둘째, 자투리 시간을 잘 활용하는 것. 셋째, 마감 시간을 스스로 정해서 그것을 준수하는 것. 이 세 가지의 시간 경영 팁을 통해 시간을 효율적으로 사용하는 사람들과 그렇지 못한 사람들의 차이가 성공하느냐 실패하느냐의 차이로 나타난다는 사실을 명심하자.

07 린치핀이 되는 것이
성공의 길이다

'당신은 꼭 필요한 사람인가?'

이러한 질문을 던지면서 우리에게 큰 깨달음을 준 책이 있다. 바로 세스 고딘의 『린치핀Linchpin』이다. 그는 이 책에서 우리에게 정면으로 이 질문을 던진다. 이 질문에 과연 몇 명이나 당당하게 그렇다고 대답할 수 있을까?

지금까지 평범한 톱니바퀴와 같은 삶을 살아왔다면 더더욱 대답하기가 힘이 들 것이다. 그렇다면 어떻게 해야 '누구도 대체할 수 없는 꼭 필요한 존재', 즉 '린치핀'이 될 수 있을까?

주목할 만한 경영 구루 세스 고딘은 일도 예술이 될 수 있으며, 우리와 우리의 예술은 모두 선물이라고 말한다. 그리고 린치핀이 되기 위해서는 지금까지 세뇌를 당해 가지게 된 '나는 천재가 아니다'라는 잘못된 생각에서 벗어나, 평균에 안주하지 말아야 한다고 강조한다. 그가 내세운 성공하는 유일한 길은 남들보다 '리마커블'해지는 것이다. 앞에서도 인용했던 부분을 다시 한 번 짚어보겠다.

당신은 지금 꿈꾸는 직업이나 경력을 누릴 자격이 없다. 오랫동안 평범한 조직에서 평범하게 일하는 평범한 일꾼이 되기 위해 힘들게 배우고 노력했지만, 이제 사회는 튀는 사람이 되라고 요구한다. 규칙이 바뀐 사실을 뒤늦게 깨달을 것이다.

성공하는 유일한 길은 남들보다 '리마커블'해지는 것이다. 사람들 사이에 회자되는 것이다. 하지만 어떤 사람에 대해 이야기할 때 사람들은 무엇을 말할까? 제품처럼 기능이나 장점에 대해 이야기하지 않을 것이다. 입소문 전략도 통하지 않는다. 한 개인에 대해 이야기할 때 우리는 그들이 누구인지 이야기하지 않고 무슨 일을 하는지 이야기한다.

재미있으면서 인상적인 사실은, 우리가 대체 불가능한 린치핀으로 살지 않고 평범하게 살게 된 이유가, 우리가 학교와 사회 시스템에 의해 스스로는 평범하고 천재가 아니라는 잘못된 사실을 세뇌당했기 때문이라는 것이다.

이러한 외부적인 요인뿐만 아니라 우리 내부에도 절반의 이유가 숨겨져 있는데, 그것은 바로 안전을 추구하는 우리의 도마뱀 뇌의 저항하는 목소리 때문이다.

도마뱀 뇌는 우리의 특별한 재능을 두려워하여, 그저 평균에 안도하고, 성공을 향해 나아가지 못하도록 저항하고 좌절하게 만들어,

위험하게 보일 수 있는 도전을 원천봉쇄해버린다. 그 결과 우리는 재능 있고 탁월하고 특출함에도 불구하고, 평균의 함정에 빠져서 평생 평범하게 살아가게 되는 것이다.

성공을 경영한다는 것은, 우리로 하여금 우리의 재능을 발견하고 그 재능을 꽃 피우게 하는 길을 원천봉쇄하는 우리의 도마뱀 뇌를 관리한다는 것과 다름없다. 도마뱀 뇌는 먹는 것과 안전, 즉 생존과 직접적인 관련이 있는 것만을 원한다. 다시 말해, 도마뱀 뇌는 인간을 돼지처럼 만들어주는 뇌이다. 돼지처럼 먹을 것이 풍부하고, 다른 위험으로부터 안전하기만 하면, 더 이상 아무 것도 바라지 않는 그런 뇌이다. 따라서 도마뱀 뇌를 관리하지 않는 것은 배 부른 돼지가 되는 길이다.

우리가 충분히 할 수 있는 일도 하지 않고, 안전을 추구하고, 모험을 하지 않게 되는 이유, 우리가 성공할 수 있음에도 그 어떤 도전이나 시도도 하지 않았던 단 한 가지 이유는 '도마뱀 뇌가 그렇게 시켰기 때문'이다. 그러므로 당신이 성공하고 린치핀이 되는 길은 도마뱀 뇌가 절대로 시키지 못하는 일을 하는 것이다. 도마뱀 뇌가 절대로 시킬 수 없는 일들은 아마도 이런 일들일 것이다.

스스로 규칙을 만들고, 기존의 규칙을 파괴하는 것.

지침을 따르지 않고, 새로운 행동을 하는 것.

주어진 길을 가지 않고, 없는 길을 만드는 것.

고개를 숙이지 않고 외치는 것.

열심히 일하지 않고 특별한 것을 생각하는 것.

비위를 맞추지 않고 자신만의 개성을 살리는 것.

사회가 제시하는 모범을 따르지 않는 것.

이러한 일들을 한다면 당신은 쉽게 교체 가능하고 내다 버릴 수 있는 톱니바퀴의 부품 같은 인생에서 벗어날 수 있을 것이다.

세스 고딘은 성공의 지도를 그리는 법에 대해 다음과 같이 설명했다.

새로운 경제에서 성공하려면 린치핀이 되어야 한다. 린치핀이 되기 위한 가장 좋은 방법은 사람들 눈에 띄는 통찰력 있는 예술가, 선물을 주는 사람이 되는 것이다. 이끌어야 한다. 순응하거나 거대한 조직의 톱니바퀴가 되는 것은 최악의 선택이다.

어떻게 해야 이끌 수 있을까?

가장 중요한 것은 자신만의 길을 만들어내는 것이다. 한 지점에서 다른 지점으로 가는 아무도 가지 않은 길, 측량되지 않고 수량화되지 않은 길을 찾아내야 한다. 우리는 그토록 매번 누군가 어느 길로 가라고 정확하게 지시해주기만을 바랐다. 하지만 그런 길은 대부분 잘못된 길이었다.

자! 이제부터 성공의 지도를 그려보라. 자신만의 길을 만들어보라. 린치핀이 되어보라. 그것이 성공을 경영하는 것이며, 성공하는 길이다. 린치핀이 된다는 것과 성공한다는 것은 이런 점에서 똑같은 말이라고 하겠다.

성공을 경영하는 것은 우리 자신이 평범하지 않다는 사실에 대한 자각에서 시작된다. 그러한 자각이 있을 때, 우리는 우리 안에 있는 총명함과 재능을 발견할 수 있고, 그것을 꽃 피울 수 있다.

절대 누군가 대신 해주지 않는다. 그리고 누군가 이미 했던 길은 절대 아니다. 당신의 성공을 경영할 수 있는 사람은 이 세상에 당신뿐이고, 당신만이 할 수 있다. 이것이 당신이 직접 해야만 하는 이유이다.

08 신성한 소를 죽이고 과거의 자신과 결별하라

인생과 비즈니스에서 성공하려면 어제의 자신을 파괴해야 한다. 어제까지 자신을 안전하게 지켜주었던 그 무엇을 파괴해야 한다. 그리고 홀로 내일을 맞이하며, 벼랑 위에 자신을 세워야 한다. 그것이 성공의 시작점이다.

옛날에 어떤 스승과 제자가 살고 있었다. 스승은 제자에게 도를 가르치기 위해 제자를 데리고 여행을 떠났다. 그러던 어느 날 매우 가난하게 사는 마을에 도착했다. 그 마을 사람들은 객지에서 온 스승과 제자를 예를 갖춰 대접했다.

스승과 제자는 마을의 어떤 집에서 하룻밤 머물게 되었다. 그 집의 가장과 그의 아내와 자녀들과 그의 노부모들 모두 좁고 낡은 집에서 가난하지만 화목하게 지내고 있었다.

스승이 잘 살펴보니, 그 집 식구들의 행동은 자신들의 생계를 유지하게 해주는 신성한 소 한 마리에 집중되어 있었다. 그 이유는 소의 우유가 그들의 주식이기도 하고, 판매 상품이기도 했기 때문이다. 온 가족이 신성한 소를 먹이고, 재우고, 씻기고, 보살피는 데에 집중하면서 살아가고 있었다. 가족들은 가난하지만 소가 있었기 때문에 굶어 죽지 않고 지금까지 살아올 수 있었다고 생각하고 있었다.

그날 밤, 가족들은 여느 때와 다름없이 깊은 잠에 빠졌다. 그러나 스승과 제자는 좁고 낡은 집이 불편해서 잠을 이루지 못하다가, 밤이 깊어서야 겨우 잠이 들었다.

가족들이 깨어나기 직전에 스승은 일어나서 제자를 깨웠고, 조용히 떠나자고 말했다. 집 밖으로 나온 스승은 한 치의 망설임도 없이 소의 목을 칼로 찔러서 신성한 소를 일격에 죽여버렸다. 이 광경에 제자는 너무나 당황하고 놀라서 어찌할 바를 모른 채 한참을 서 있다가 어쩔 수 없이 스승의 뒤를 따라 도망치듯 자리를 떴다.

제자는 갑자기 자신의 눈앞에서 벌어진 일이 도무지 믿기지 않아, 스승에게 따지듯 물었다.

"스승님, 왜 우리들을 잘 대접해준 착하고 선량한 가족들의 생계 수단이었던 소를 죽이고, 가족들에게 이야기도 하지 않고 몰래 빠져 나왔습니까?"

스승은 아무 대답도 하지 않았다. 제자는 몇 번 질문을 거듭했지만 스승이 대답을 하지 않자 포기한 채 실망을 했고, 이후로는 그 어떤 질문도 하지 않았다.

세월이 흘러 3년이 지났을 때, 스승은 제자를 불러 다시 여행을 떠나자고 했다. 두 사람은 오랜만에 다시 여행에 나섰다.

어떤 마을에 도착한 두 사람은 놀라지 않을 수 없었다. 정확히 말해서 놀란 것은 제자였다. 과거에 가난하게 살던 그 마을이었는데, 다른 집들은 변함없이 가난했지만, 놀랍게도 스승이 신성한 소를 죽였던 그 집만은 아주 큰 부잣집이 되어 있었기 때문이다.

비좁고 낡고 가난했던 집이 크고 튼튼하고 좋은 부잣집으로 바뀌어 있었기에 제자는 정말 이 집이 옛날에 그 가난했던 사람들의 집일 것이라고는 도저히 생각할 수 없었다. 아마도 다른 동네의 부자가 이 마을에 이사를 왔고, 전에 살던 가난한 가족은 생계를 의지했던 소를 잃음으로써 굶어 죽은 것은 아닌지 걱정이 되기 시작했다.

그렇게 오만 가지 생각을 하고 있던 제자 앞에서 갑자기 대문이 열리고 한 사람이 나왔다. 제자는 그의 얼굴을 보고는 놀라지 않을 수 없었다. 과거에 제대로 먹지 못해 초췌했던, 핏기가 전혀 없던 가난한 집의 가장이었기 때문이다. 그리고 제자를 더욱 놀라게 한 것은 가장의 얼굴이 윤기가 흐르고 매우 건강해 보였을 뿐만 아니라, 걸치고 있는 옷이나 장신구가 한눈에 보기에도 모두 값비싼 것들이었기 때문이다.

그 가장도 스승과 제자를 알아보았다. 반가워하면서 예의바르게 손님을 접대하는 것은 3년 전이나 지금이나 변함이 없었다. 서로 인사를 나누고 난 후 제자는 도대체 어떻게 된 영문인지 가장에게 물었다. 그러자 가장은 그 대답을 들려주었다.

"예. 삼 년 전에 두 분께서 주무시고 떠나신 날, 우리 집에 강도가 들었습니다. 그래서 우리가 생계를 의지하던 소가 죽어버렸지요. 우리는 이제는 소를 의지하며 살아갈 수 없다는 사실을 직시하고, 굶어 죽지 않기 위해 먹고살 방안을 강구하기 시작했습니다. 먼저 저는 버려졌던 논과 밭에 가서 농사를 짓기 시작했습니다. 제 아내는 집 뒤의 빈터에 감자와 옥수수를 기르기 시작했고, 제 아들들은 병아리를 몇 마리 얻어다 키우기 시작했습니다. 또 다른 아이들은 토끼를 기르기 시작했습니다. 제 부모님들은 소일거리로 산과 들에 있는 나물과 약초들을 캐다 시장에 내다 파셨습니다. 그렇게 전에는 전혀 생각도 안 했던 일들을 자꾸 시도하고, 새로운 것을 자꾸 하다 보니까 할 수 있는 일들이 엄청나게 많다는 사실을 깨닫게 되었고, 일 년도 안 되어 소한테만 의지했던 것보다 훨씬 더 가계가 나아졌습니다. 어느 정도 돈이 생기니, 그동안의 경험을 토대로 해서 장사를 시작했습니다. 장사를 통해 또 많은 돈을 벌게 되니, 자꾸 성취감을 느끼게 되고, 이전에는 한 번도 시도해보지 않았던, 안 해본 것을 하나둘씩 계속 도전하다 보니 이렇게 큰 갑부가 될 수 있었습니다. 신성한 소는 우리 가족들에게 없어서는 안 될 소중한 소가 아니었습니다. 오히려 우리 가족들로 하여금 가난과 궁핍에서, 과거의 삶에서 벗어나지 못하게 했던 해로운 존재였습니다."

제자는 그제야 스승의 행동이 한 가정을 가난에서 벗어나게 해준 결정적인 계기가 되었음을 깨닫고, 스승의 도에 감탄했다.

이것이 '신성한 소 죽이기'라는 이야기이다. 비록 내용은 많이 줄이고, 필자 나름대로 간단하게 바꾸었지만, 이 이야기가 전해주고 싶었던 교훈은 충분히 전달되었을 것이다.

우리가 성공하지 못하고, 부자가 되지 못하고, 어제와 다를 바 없는 삶을 오늘도 살아가는 단 한 가지 이유는, 우리의 삶에 도사리고 있는 '신성한 소'를 죽이지 못했기 때문이다.『신성한 소 죽이기 _{Death to all Sacred Cows}』데이비드 번스타인 외 지음라는 책에 우리가 왜 신성한 소를 죽여야 하는지를 잘 설명해놓은 대목이 나온다.

신성한 소는 반드시 죽여야 한다. 그래야만 시간과 돈을 절약할 수 있음은 물론이고 생명까지 구할 수 있다. 시간과 돈을 절약할 수 있다는 것은 이해가 되는데 생명을 구할 수 있다는 얘기는 또 뭔가. 비즈니스를 하는데 생명의 위협을 받을 일이 있나? 언뜻 보면 이런 의구심을 갖는 것이 당연해 보인다. 그렇지만 조금 더 생각해보면 상황은 달라진다. 신성한 소를 죽이면 밥이 나오고 떡이 나오지만 그렇지 못하면 도리어 내가 죽을 수도 있다. 계속해서 시간과 돈을 낭비하면 결국 파산하게 된다. 파산을 하면 남편 혹은 아내와 아이들이 자신의 곁을 떠날 것이다. 모두 떠나고 아무짝에도 쓸모없는 개만 곁을 지킬지도 모른다. 그렇게 되면 대체 더 이상 뭘 위해서 살아간단 말인가? 이쯤 되면 결론은 이미 난 것 아닌가?

기존의 원칙을 무작정 따르면 당분간은 편안할지 모르겠다. 그러나 결국은 빈털터리가 되어 집도 절도 없이 떠도는 신세가 되고 말 것이다. 이런 종말은 비즈니스맨들이 꿈꾸던 해피엔딩은 분명 아니다. 핵심은 시야를 좁히고 방해꾼만 늘리는 생각이나 말, 경구, 원칙 등을 찾아내는 일이다. 일단 이런 것들을 찾아낸 다음에는 당연히 이를 완전히 짓밟아버려야 한다.

이처럼 신성한 소 죽이기는 좁은 시야에서 벗어나 길게 내다보게 해주고, 과거의 자신과 결별하게 해주고, 새롭고 눈부신 미래를 만들어갈 수 있게 해준다. 결국 신성한 소 죽이기는 창조적 파괴로 이어진다. 그리고 창조적 파괴야말로 기업 경영과 이윤의 원동력이 된다는 경제학자 조셉 슘페터의 말이 옳다는 사실에 이르게 된다.

낡은 것을 파괴하고, 새로운 것을 창조하고 혁신을 일으키는 창조적 파괴 Creative Destruction가 기업 경영의 경제력이며, 장수 기업의 비밀이며, 생존의 조건임을 우리는 알고 있다. 그런데 신성한 소 죽이기는 이러한 창조적 파괴의 본질과 같은 것이라고 말할 수 있기 때문에 성공의 시작점이라고도 할 수 있다.

제 4 장

자신감 있게
성공을 혁신하라

"현명하고 지혜로운 사람은 그 어떤 지식을 알려고 하기보다 자기 자신을 알려고 한다."
– 윌리엄 셰익스피어

"많은 사람들의 인정을 받는 성공이 아닌, 스스로의 인정을 받는 성공을 하라."
– 볼테르

01 태도와 습관을 바꾸면
성공은 누구나 할 수 있는 것

"우리 세대의 가장 위대한 혁명은 내면의 정신세계를 바꿈으로써 외부 세계를 변화시킬 수 있다는 발견이다."

윌리엄 제임스의 이 말은 내면의 것을 바꾸면 외부 세계까지 바뀐다는 놀라운 사실을 알려주고 있다. 하지만 그의 말보다 더 놀랍고 충격적인 말은, 이제 성공은 아무나 할 수 있는 그런 것이 되었다는 말일 것이다.

과거에는 성공은 아무나 할 수 없었다. 남들보다 피나는 노력을 할 만큼 지독하든가, 아니면 남들은 도저히 쫓아갈 수 없을 만큼 능력과 기술을 가지고 있든가, 아니면 남들이 보지 못하고 생각도 하지 못한 것들을 볼 수 있는 통찰력과 탁월한 사고력과 창조력을 가진 사람만이 성공할 수 있었다.

하지만 이제 원하기만 하고 성공을 배우기만 하면, 누구나 성공할 수 있는 그런 시대가 되었다. 예를 들어, 주식을 전혀 몰랐던 사람들이 주식에 대해 배워서 투자를 통해 부자가 되어 보다 나은 삶을 살아간다. 이들은 특별히 머리가 좋다거나 재주가 뛰어난 사람들이 아니었다. 그저 배웠고, 그것을 활용했을 뿐이다.

성공도 마찬가지다. 성공을 배우고 제대로 그 방법을 활용한다면 누구나 성공할 수 있는 시대가 활짝 열린 것이다. 인류 역사상 모든 이들에게 이처럼 크고 놀라운 기회가 부여된 경우는 없었다. 그리고 이처럼 백만장자들이 많아진 시대는 없었으며, 부의 폭발, 성공의 폭발이 일어나고 있는 시대도 없었다.

성공과 부의 빅뱅이 눈앞에서 일어나고 있음을 일찍 간파한 사람은 그 부와 성공을 획득하게 된다. 지금 당신에게 필요한 것은 그 빅뱅 속으로 과감하게 뛰어드는 것이다. 안전지대에만 머물러 있노라면 남들이 다 빅뱅 속으로 뛰어들 때 당신만 뒤처지고 낙오자가 될 것이 너무나 확실한 시대에 당신은 살고 있는 것이다.

우리가 사는 이 시대는 과거와는 엄청나게 다른 시대이다. 과거에는 출신 신분에 너무 큰 제약을 받았다. 하지만 지금은 그런 것이 전혀 없다. 과거에는 재주만 있으면 먹고살 수 있었다. 하지만 지금은 그렇지 않다. 과거에는 한 마을, 한 동네 안에서만 무엇이든 제일 잘하면 최고가 될 수 있었다. 그러나 지금은 똑같은 직업을 가진 전 세계의 수백만 명과 경쟁해서 최고가 되지 않으면 안 되는 글로벌 시대이다. 그렇기 때문에 절대로 쉽게 최고가 될 수도 없을 뿐만 아니라, 최고라고 부를 수 있는 사람의 수가 너무 작아졌다. 그것은 다시 말해 승자 독식 사회가 되었다는 의미이다.

하지만 한 가지 기쁜 소식이 있다. 부가 넘쳐나고 있다는 것이다. 과거에는 백만장자가 별로 많지 않았지만 이제는 백만장자가 많아졌고, 심지어 억만장자들도 많이 생겨났다. 과거보다 더 많은 사람들이 부자가 될 수 있는 시대이다.

이러한 현상들이 우리에게 의미하는 한 가지 사실은, 성공은 타고나야 할 수 있는 것이 아니라 배우고 익혀서 만들어갈 수 있는 것이라는 점이다. 그런 점에서 성공은 선천적인 것과 아무 관련이 없다. 그것은 절대적으로 후천적인 것과 관련이 있다.

성공에 대해 연구해오고 있는 토머스 해리슨이 자신의 저서 『성공에의 몰입 Instinct』에서 주장한 내용을 보면, 결론은 성공은 누구나 할 수 있다는 것이다. 하지만 저절로 성공할 수 있다는 말은 절대 아니다. 심은 대로 거두는 것이 이 세상의 법칙, 성공하기 위해 필요한 것들을 할 때, 비로소 성공도 찾아온다고 한다.

예를 들면 도널드 트럼프, 잭 웰치, 칼리 피오리나, 빌 게이츠 같은 이들은 모두 자신의 분야에서 최고가 된 인물들이다. 이들은 모두 성공에 대한 지속적 갈망과 노력을 아끼지 않았을 뿐만 아니라 환경에 순응하거나 지배당하는 대신 자신에게 유리한 환경을 선택하고 창조해냈다는 공통점이 있다. 이들은 모두 자신의 타고난 특성과 능력을 일찍부터 간파하였고, 그것을 최대한 끌어내 그 능력을 200퍼센트 활용하였으며, 그 결과 자신의 분야에서 세계 최고가 되었다.

물론 이들이 성공에 유리한 유전적 토대를 타고났을 수도 있다.

하지만 그것이 절대적으로 성공과 실패를 가르지는 못한다고 한다. 즉, 성공이 재능을 타고난 몇몇 선택받은 이들에게만 운명처럼 주어지는 것은 절대 아니라는 것이다. 오히려 재능이 조금 부족하더라도 후천적인 노력과 배움을 통해 쉽게 성공에 이르는 길을 터득하고 그 길을 간 사람이 적지 않다.

> 성공에 필요한 특성과 능력을 충분히 타고나지 못한 사람도 얼마든지 성공할 수 있다. 태도와 습관을 바꿈으로써 타고난 성격 특성까지도 성공하기 유리한 방향으로 변화시킬 수 있기 때문이다. 우리 각자가 타고난 성격적인 특성을 이해하고 받아들이되, 강점은 키우고 약점을 보완할 수 있는 실질적인 행동 법칙을 제시한다는 점, 바로 여기에 이 책의 핵심이 있다.
>
> – 토머스 해리슨, 『성공에의 몰입』 중에서

여기서 우리가 희망을 가져도 될 것 같다. 그리고 이것보다 더 명확한 주장, 선천적으로 성공하기에 유리한 재능이나 특성을 가지고 태어난 사람은 본능적으로 성공을 배우는 데 더 유리했다는 사실이다. 그것은 무엇보다 더 큰 성공에 이르는 지름길을 발견할 수 있게 해주는 것이 아닐 수 없다.

하지만 더 중요한 사실은, 성공하기에 유리한 재능이나 특성을 하나도 가지고 태어나지 않았더라도 이제는 성공을 배울 수 있다는 것이다. 그것은 지금처럼 수많은 성공학 도서들이 이 땅에 존재한 적은 인류 역사상 한 번도 없었다는 데서 증명된다.

지금 이 시대를 사는 사람들은 성공할 수 있는 수천, 수만 가지의 길을 제시해주는 지도를 획득한 것과 다를 바 없다. 그리고 그러한 책들을 통해 실제로 성공에 이른 사람들이 한두 명씩 나오기 시작했다. 게다가 요즘은 헤아릴 수 없이 많은 사람들이 그러한 성공학 도서를 통해 용기를 얻고, 지혜를 얻고, 길을 찾고, 성공에 대해 배우고 익힘으로써 성공에 이르게 되었다.

이제 누구나 성공할 수 있는 시대가 되었다. 그러므로 당신도 할 수 있다. 성공을 배우고, 성공을 경영하고, 성공을 예측하고, 성공을 준비하고, 성공을 기대하자.

성공은 먼 나라의 이야기가 아니다. 성공은 먼 친구의 이야기가 아니다. 바로 당신의 이야기이다. 이 사실을 믿어라. 사람은 누구나 성공할 수 있다. 성공은 본래 우리의 것이며, 우리 안에서 모든 게 비롯된다.

성공은 누구나 할 수 있는 것임에도 아무나 할 수 없는 단 한 가지 이유는, 우리의 생각이 실패를 향해 나아가도록 설정되어 있기 때문이다. 대부분의 사람들은 수만 가지 생각을 하면서 하루를 보낸다. 하지만 그 수만 가지 생각 중에 80퍼센트 이상이 어제 했던 바로 그 생각이다. 더 놀라운 사실은, 그러한 생각 중에 거의 대부분이 부정적인 생각들이라는 점이다.

바로 이러한 부정적인 생각을 날마다 하면서 살아가기 때문에 자신도 모르게 실패와 가난이라는 목적지를 향해 하루하루 나아가는 것과 다름없게 되는 것이다. 그 결과, 열심히 일을 하고 눈에 불을 켜고 돈을 아끼고 절약하지만 그럴수록 그리고 시간이 갈수록 우리의 삶은 가난해지고, 힘들어지고, 실패적인 삶을 벗어나지 못하게 되는 것이다.

우리의 인생을 이끄는 것은 돈이나 능력이 아니라 바로 우리의 생각이다. 그렇기 때문에 누구나 성공할 수 있지만 부정적인 생각을 하는 사람들은 스스로 성공하지 못하게 원천봉쇄해버리는 셈이다.

누구나 할 수 있는 성공을 하는 사람과 못하는 사람은 바로 작은 의식의 차이에서 비롯된다. 필자는 그것을 종이 한 장 차이라고 말하고 싶다. 정말로 성공한 사람과 실패하는 사람의 의식 차이는 종이 한 장이다. 하지만 그 종이 한 장의 차이가 수입에서 백배 천배 차이가 나게 한다는 사실을 믿을 수 있겠는가? 믿기지 않겠지만 그것은 사실이며, 현실이다.

결정적인 의식의 차이는 자기 자신에 대한 관점의 차이라고 할 수 있다. 자신이 반드시 성공할 수 있을 것이라는 의식을 가지고 있는 사람과 아무리 해도 절대로 성공할 수 없을 것이라는 의식을 가지고 있는 사람은 겉으로는 별 차이도 보이지 않을 만큼 미묘하다고 할 수 있지만, 이 두 사람의 5년 후, 10년 후는 하늘과 땅만큼 큰 격차가 생기게 된다. 이러한 차이를 만드는 결정적인 요인은 자기 자신을 제대로 알지 못하는 것이라고 할 수 있다.

"현명하고 지혜로운 사람은 그 어떤 지식을 알려고 하기보다 자기 자신을 알려고 한다."

대문호 윌리엄 셰익스피어의 이 말은 자기 자신 안에 있는 위대함과 천재성에 대해 제대로 알고 있는 사람들이 매우 적다는 사실을 의미한다.

당신은 당신 안에 있는 위대함과 천재성에 대해 얼마나 알고 있는가?

성공과 실패의 갈림길에서 성공을 향한 인생길을 갈 것인지 아니면 조용히 절망한 채로 실패를 향한 인생길을 갈 것인지는, 자기 자신 안에 있는 위대함과 천재성에 대해 얼마나 많이 알고 있느냐로 결정된다. 대부분의 사람들은 자신 안에 그 어떤 위대함도, 천재성도 없다고 생각한다. 그리고 이 생각들 거의 대부분은 잘못된 생각이라고 필자는 확신한다.

위대함과 천재성은 누구한테나 다 녹아들어 있지만 그것을 발견하고 그 사실을 알게 되는 사람은 극소수에 불과하다. 바로 그것이 위대한 성공을 하고, 최고의 삶을 살아가는 사람들이 극소수에 불과한 이유이다.

성공이 누구나 할 수 있는 것인 이유는 누구에게나 그 내면에 위대함과 천재성이 존재하기 때문이다. 이러한 사실을 확신하는 이유는, 필자 역시 평범한 직장인으로 적당히 일을 하며 적당히 대접받고 적당한 평균의 삶을 40년 동안 살다가, 어느 순간 극적인 경험을 통해 그렇게 오랫동안 평범하다고 생각했던 나 자신의 내면에서 위대함과 천재성을 직접 발견하고는 기절할 만큼 놀랐던 생생한 체험을 가지고 있기 때문이다.

생생한 체험을 통해 필자는, 우리가 모두 진정으로 위대한 천재라는 사실을 깨닫지 못하고 그저 평범하게 살아가고 있는 것이 확실하다는 결론에 도달할 수 있었다. 이러한 위대함과 천재성을 남들보다 먼저 발견하고 깨닫는 사람들은 누구나 성공할 수 있다.

그런 점에서 인생은 하나의 거대한 학교이고, 우리의 삶은 하나의 거대한 수업이라고 할 수 있다. 그러므로 우리는 평생 공부하지 않으면 평생 동안 참된 것을 하나도 얻지 못하는 것이다. 공부하지 않는 삶은 진정한 삶이 아니다. 참된 자신을 만나고 발견하고 깨닫지 못했다면 그것은 진정한 삶을 살았다고 말할 수 없기 때문이다.

고대 철학자 소크라테스가 "시험하지 않는 삶은 살 가치가 없다"라고 말한 것은 바로 이러한 사실을 이른 것이라고 할 수 있다. 자신의 삶을 시험하고 검증하기 위해서는 자신이 누구인지, 자신 안에 무엇이 존재하고 있는지를 끊임없이 공부해야 한다. 또한 자신을 끊임없이 벼랑 위에 세우고, 새로운 것을 시도하고, 새로운 모험에 도전해야 한다.

끊임없는 공부와 새로운 시도와 도전은 자신의 삶을 시험하고 검증하는 방법인 동시에 성공하는 비결이기도 하다. 즉, 이 두 가지 방법은 본질은 닮아 있다. 우연한 투자로 돈만 많이 벌어 부자가 된 사람에게 참된 성공을 했다고 하지 않는다. 자신의 삶을 시험하고 검증하며 자신만의 확고한 사상과 철학이 있는 사람들이 참된 성공을 거두었다고 일컬어진다. 그래서 많은 사람들이 존경하고 따르는 것이다.

02 성공과 실패를 가르는 것은 능력이 아니다

성공과 실패를 가르는 것은 절대 능력이나 재능이 아니다. 그것을 오해해서는 안 된다. 주위를 살펴보라. 당신보다 훨씬 더 능력 없는 사람이 당신보다 훨씬 더 좋은 차를 타고 다니고, 당신보다 훨씬 더 좋은 집에서 살고 있다. 당신보다 훨씬 더 능력 없는 사람이 당신보다 더 풍요롭고, 부유한 삶을 살고 있다. 과연 무엇이 잘못된 걸까?

잘못된 것은 아무 것도 없다. 다만 당신은 성공을 배우지 않았고, 당신보다 훨씬 더 능력이 부족함에도 당신보다 훨씬 더 성공한 그 사람은 성공에 대해 배우고 성공을 경영했을 뿐이다. 그 차이가 바로 당신의 실패와 그 사람의 성공을 가른 것이다.

능력 있는 사람 순으로 성공을 한다면 이 세상은 지금 이 모습이 아닐 것이다. 가장 능력 있는 사람이 대통령이 되어야 한다면 지금까지의 역대 대통령 중에 대통령이 될 사람은 한 명도 없을 것이다.

이것은 어느 나라나 마찬가지다. 그들이 대통령이 될 수 있었던 것은 그들이 남들보다 훨씬 더 큰 능력이 있었기 때문이 아니다. 그들은 대통령이 되는 방법을 평생 연구했고, 그것을 갈망했고, 그것을 기대했고, 그것을 소망했고, 그것을 경영했고, 그것을 예측했고, 그것을 배웠기 때문에 그것을 이룬 것이다.

평생 동안 대통령이 되겠다는 꿈을 가지고 배우고 연습하고 경영하고 예측하고 준비하고 기대하고 갈망한 사람과 단 한 번도 그런 꿈을 꾸지 않은 사람의 차이가 일에 대한 성공과 실패의 차이를 가른 것이지, 그들의 능력이나 재능이 가른 것은 아니다.

그런 점에서 모든 사람은 내면에 충분한 능력이 존재하고 있다고 필자는 믿는다. 어떤 사람이라도 제대로 그것을 이끌어내고 발휘할 수 있도록 배우기만 하면 그 어떤 능력도 다 발휘해낼 수 있다.

평강 공주와 바보 온달의 이야기가 우리에게 시사하는 것이 바로 이것이다. 무엇을 배우고 어떤 것을 배우느냐에 따라 그 사람이 바보로 살아갈 것인지 아니면 평범하게 살아갈 것인지 아니면 천재로 살아갈 것인지가 결정되는 것이지, 그 사람이 어떻게 태어났느냐가 그러한 것들을 결정하는 것은 절대 아니라는 점이다.

성공과 실패를 가르는 것은, 그 사람이 무엇을 읽었고 어떤 공부를 했느냐에 달려 있다. 우리가 다양하고 폭 넓게 많은 책을 읽고 공부하게 되면, 우리 안에 있는 위대함과 천재성을 더 쉽게 더 많이 발견할 수 있고 또한 그것을 깨울 수 있는 방법을 알게 된다. 그렇기에 결국 공부는 과거의 자신을 뛰어넘어, 자신 안에 있는 천재성과 위대함을 '발견하여 위대한 자신으로 도약하고, 원래 천재였던 자신으로 되돌아가는 과정인 것이다.

"우리는 우리가 읽은 것으로 만들어진다."

독일의 문호 마르틴 발저의 말처럼 우리는 우리가 읽은 것, 배운 것으로 만들어지고 형성된다. 무엇보다 우리의 생각과 의식은 우리가 읽고 배운 것으로 이루어진다. 그래서 독서를 많이 한 사람들이 그렇지 못한 사람들보다 더 많이, 더 쉽게, 더 높게, 더 크게 성공하는 것이다.

성공과 실패를 가르는 것이 능력이나 재능이나 학식이 아니라는 사실을 말해주는 증거로, 2001년 포브스가 선정한 미국의 400대 부호들에 대한 분석 결과를 들 수 있다. 그들을 분석한 결과, 대학교를 졸업한 사람들보다 고등학교를 중퇴하고 자수성가한 사람의 재산이 평균적으로 3억 3,300만 달러나 더 많은 것으로 밝혀졌다.

학창 시절에 공부를 잘하지 못해도 세계에서 가장 성공한 부자가 될 수 있다. 그리고 능력이나 재능이 없어도 가장 성공한 사람이 될 수 있다. 그것을 가르는 것은 능력이 아니기 때문이다.

학창 시절에 아무리 공부를 잘했어도 성공하지 못하는 사람들이 많고, 반대로 학창 시절에 아무리 공부를 못했어도 크게 성공하는 사람들이 적지 않은 이유는, 학창 시절의 공부는 우리 내면에 숨겨져 있는 위대함과 천재성을 발견하는 데 그 어떤 도움도 되지 못하는 학교 공부이기 때문이다.

즉, 공부에도 종류가 있다는 것이다. 학교 공부는 시험공부, 입시공부, 승진공부, 취업공부, 기술공부, 자격증공부 같은 것이지만, 참

된 공부는 자신을 뛰어넘을 수 있는 공부이고, 원래 천재였던 우리
자신으로 되돌아갈 수 있는 길을 발견하는 공부이며, 자신의 내면에
숨겨져 있는 위대함을 깨우는 공부이다.

03 적절한 방식을 발견하고 꾸준히 노력하라

"정신병자란 매일 똑같은 방식으로 일하면서 다른 결과가 나오기를 기대하는 사람이다. 결과가 달라지려면 과정을 바꾸어야 한다."

알베르트 아인슈타인의 이 말처럼 우리는 어제와 똑같은 방식으로 일하면서 어제와는 다른 결과, 즉 성공하기를 기대하는 사람들일지도 모른다.

결과가 달라지려면 일하는 방식과 과정을 바꾸어야 한다. 하지만 성공을 배워보지 못한 사람, 즉 성공을 경험해보지 못한 사람의 경우에는 성공하게 되는 방식과 성공 과정을 알 수 없다.

바로 이러한 사실 때문에 성공조차도 성공해본 사람이 더욱 더 잘하게 되는 것이고, 많이 하게 되는 것이다.

주위의 성공한 사람들을 보라.

그들은 성공하는 법을 배웠기에 무일푼 알거지가 된다고 해도 몇 년 안에 다시 재기에 성공할 확률이 매우 높다. 성공을 해본 사람들이 또 다시 더 쉽게 성공하는 이유가 바로 성공은 배울 수 있는 것이기 때문이다. 자전거 타기 같이 한 번만 배워놓으면 언제든 다시 탈 수 있는 것과 마찬가지로 성공도 그렇다.

대부분의 사람들이 성공하지 못하는 절대적인 이유는, 성공하게 되는 방식으로 일하지 않으면서 성공을 기대하기 때문이다. 성공을 기대하고자 한다면 성공하게 되는 방식대로 일을 해야 한다. 하지만 대부분의 사람들은 성공하지 못하는 방식대로 일을 한다. 성공하는 방식은 성공을 배우고 관리하고 경영하는 사람들만이 깨닫는 방식이기 때문이다.

'당신 앞에 코끼리가 있다. 당신은 그것을 어떻게 먹을 것인가?'

이 질문에 당신은 어떤 대답을 하겠는가? 어떤 독자는 삶아먹는다고 하고, 어떤 독자는 안 먹는다고 한다. 하지만 당신이 어떤 대답을 했든 가장 정확한 정답은 '한 번에 한 입씩'이 될 것이다.

결국 코끼리를 먹는 것에 성공하는 사람들이 공통적으로 사용하는 성공하는 비결은 '한 번에 한 입씩'이다. 이 비결을 제외하고 당신이 코끼리를 먹을 수 있는 방법이 있다면 그것은 매우 놀라운 일이거나 매우 예외적인 방법이거나 실천하기 힘든 방법일 것이다. 하지만 '한 번에 한 입씩' 먹으면 당신은 반드시 엄청난 크기의 코끼리를 먹는 데 성공할 수 있다.

성공도 이와 다르지 않다. 적절한 방식만 발견하고 그것을 꾸준히 한다면, 당신도 눈부신 성공을 할 수 있다. 그런 점에서 성공과 실패를 결정짓는 것은 일하는 방식이라고 하겠다.

04 어제와 다른 사고와 행동이 내일의 성공을 보장한다

"독수리 떼와 함께 날고 싶다면 계속 칠면조 무리 사이에 끼어 바닥을 긁어대고 있어서는 안 된다."

성공학의 대가인 지그 지글러의 말처럼 당신이 성공을 혁신하고 싶다면, 가장 먼저 해야 할 일은 어제와 다른 사고와 행동을 하는 것이다. 어제까지 당신이 칠면조 무리 사이에 끼어 바닥을 긁어대고 있었다면 오늘부터는 어제와 다른 사고와 행동을 통해 독수리 떼와 함께 날아야 한다.

살아가다 보면 도무지 이해할 수 없는 역경을 만나는 경우가 있다. 해고라는 돌발적이고 전혀 뜻하지 않은 상황에 접하게 될 수도 있고, 사업 실패라는 큰 소용돌이에 말려들 수도 있다. 이러한 예상치 못한 상황에 접하게 되었을 때 우리에게 가장 필요한 것은 어제와 다른 사고와 행동이다.

성공과 실패를 가르는 것은 종이 한 장이다. 그런데 그 종이 한 장 차이의 어제와 다른 행동, 어제와 다른 종이 한 장 정도의 노력과 열정, 어제와 다른 종이 한 장 정도의 사고를 하지 않기 때문에 성공의 문턱에서 좌절의 고배를 마시게 되는 것이다.

살아가다 보면 몇 번인가 절망적인 좌절의 상황에 빠질 때가 있다. 특히 큰 꿈과 목표를 추구하기 위해 쉼 없이 정상을 향해 질주하는 사람에게는 흔한 일이 아닐 수 없다. 질주하지 않고, 도전과 모험을 감행하지 않고, 꿈도 목표도 없이 안전지대에만 있는 사람은 큰 시련이나 역경은 물론이고 큰 실패도 없다. 하지만 실패를 두려워하지 않고 도전할 줄 아는 용기 있는 자들에게는 시련과 실패가 적지 않다.

시련과 역경을 만났을 때 그 사람의 진면목을 제대로 알 수 있다. 이런 상황에서 어떤 사람은 어제와 같은 사고와 행동으로 대처를 한다. 하지만 지혜로운 사람은 어제와 다른 사고와 행동으로 혁신을 추구한다. 이 종이 한 장의 작은 차이가 결국에는 성공과 실패를 결정짓는다.

랠프 왈도 에머슨은 "인생은 우리가 하루 종일 생각하는 것으로 이루어져 있다"라고 말했다. 즉, 모든 것은 생각에서 비롯된다고 할 수 있다. 그렇다면 우리가 어제와 같은 사고를 한다면 결국 달라지는 것은 아무 것도 없는 것이다. 사고가 달라져야 행동이 달라지고, 달라진 사고와 행동이 새로운 방식과 혁신을 가져오기에 성공하게 되는 것이다.

따라서 정상에 오르는 사람은 그렇지 못한 사람들과 생각하는 것이 다르다고 할 수 있다. 그들은 어제와 다른 생각을 할 뿐만 아니라 평범한 사람들과도 다른 차원의 생각을 한다. 그러한 남다른 생각이 그들에게 더 큰 성공과 성취를 이끌어주는 도화선이 된다.

살다가 만나게 되는 많은 시련과 역경은 결국 우리의 부족한 사고와 행동이 불러온 문제들이다. 그 문제들을 해결하기 위해서 가장 필요한 것은 그러한 문제를 일으킨 장본인인 우리가 어제와는 다른 생각과 행동을 해야 한다는 것이다.

20세기 최고의 과학자 알베르트 아인슈타인은 이런 말을 했다.

"우리가 오늘 당면한 문제는 우리가 그 문제를 처음 만들었을 때의 사고 수준으로는 풀지 못한다."

수많은 인생의 문제들의 씨앗을 뿌렸을 때의 사고 수준과는 다른 수준의 사고를 해야만 그 문제들을 풀 수 있기에 우리는 평생 문제 투성이인 인생을 살아가는 것인지도 모른다. 그렇기에 더더욱 우리는 어제와 다른 수준의 사고를 해야 한다. 그뿐만 아니라 세상은 날로 복잡해져가고 있기에, 우리의 사고와 의식이 충분히 발전하고 도약해야만 인생의 모든 문제들을 잘 해결할 수 있고, 인생을 주도적으로 이끌 수 있게 되는 것이다.

어제와 다른 사고와 행동을 해야 하는 또 다른 이유는, 다람쥐 쳇바퀴 돌듯 하는 어제와 별반 다르지 않은 그런 지루한 인생에서 탈피하여, 날마다 가슴 설레는 삶을 살기 위해서이다. 사고와 행동을 다르게 하지 않으면서 내일은 오늘과 다른 날이 될 것이라고 기대하는 것은 씨앗을 심지도 않고 싹이 틀 것을 기대하는 것과 같다. 또한 자신은 씨앗을 심지 않으면서 타인이 자신의 마당에 씨앗을 심어놓기를 바라는 것처럼 어리석은 짓이기도 하다.

성공하지 못하는 사람들의 사고는 어제와 별반 다르지 않다. 어제 했던 생각을 오늘 또 하고, 내일 또 할 뿐이다. 하지만 성공하는 사람들은 오늘은 어제와 다른 사고를 하고, 내일은 오늘과 다른 사고를 한다. 성공하지 못하는 사람들은 생존을 위해 가난과 궁핍에 초점을 맞춘 생각을 어제도 하고, 오늘도 하고, 심지어 내일도 하지만, 성공하는 사람들은 생존이 아닌 도약과 성장을 위한 번영과 성취, 발전에 초점을 맞춘 생각을 한다.

똑같은 선수들로 구성된 팀이라도 감독이 공격에 집중할 때와 수비에 집중할 때의 경기 결과가 크게 달라질 수 있듯이, 우리 인생도 이와 다르지 않다. 우리가 현상 유지에 급급하면 우리의 창조성과 유연성은 쉽게 고갈되어버릴 것이다. 즉, 창의적인 사람이 되지 못하고, 사고의 틀이 굳어버린 사람이 되고 만다. 사고의 틀이 굳어버리면 새로운 일을 생각하지도, 시도하지도 못하게 된다. 그 결과 평생 자본주의의 노예와 같은 삶을 살게 되는 것이다. 어제와 다른 사고와 행동을 해야 하는 이유가 여기에도 있다.

어제보다 더 유연하고 창조적인 생각을 하기 위해서 어제와 다른 사고를 해야 한다. 어제 했던 생각을 그대로 답습하며 반복하는 사람에게는 더 이상 발전과 성장이 없으며 창조성이 발휘되지 않는다.

자기 자신을 믿어야
위대한 일을 해낼 수 있다

성공한 사람들에게서 배울 수 있고 느낄 수 있는 흥미로운 점은, 그들이 실패하는 사람들과 다른 마음가짐을 가지고 있다는 것이다. 즉, 성공하는 사람들은 실패하는 사람들과 다르게 생각하고 다르게 믿는다.

실패하는 사람들은 자기 자신을 절대로 믿지 않는다. 믿지 않는다 기보다는 믿지를 못한다. 자신을 그 어떤 일도 제대로 해내지 못하는 그저 평범한 사람으로 생각한다. 남들의 시선 혹은 세상이 제시하는 객관적인 기준에 자신을 맞추려고 노력한다.

하지만 성공하는 사람들은 자기 자신을 믿는다. 다른 사람들이 뭐라 하든 자신이 할 수 있다고 믿을 뿐만 아니라, 자신의 믿음대로 결국에는 스스로 그 일을 기어이 해낸다.

이것이 승자와 패자의 차이이다.

자기 스스로를 믿지 못하면서 크게 성공한 사람을 찾아보기란 쉽지 않다. 아마도 찾지 못할 것이다. 자기 자신을 믿을 때만 성공이 가능하기 때문이다. 자신에 대한 확고한 믿음이 없다면 그 누구도 위대한 일을 해낼 수 없다. 위대한 인물들에게는 완고하고 무서울 정도로 높은 자신감이 존재하고 있음을 명심해야 한다.

열정을 앞세워 세상을 변화시킨 40인의 열정능력자들이 말하는 특별한 성공의 비결에 대한 책 『열정능력자Eight Keys to Greatness』진 랜드럼 지음에 이러한 사실이 언급되고 있다.

성공한 사람들은 스스로를 믿는다. 거만함과 구분하기 힘든 낙관적인 자아상을 가지고 있다. 올림픽에 참가한 선수 가운데 낙천적인 선수들은 경기에 지더라도 즉시 사기를 회복하여 다음 경기에서 이기지만, 비관적인 선수들은 경기에 지면 금방 무너져버려 다음 경기에서도 쉽게 진다고 한다. 심리학자 마틴 셀리그먼은 "낙천주의자들이 염세적인 사람들보다 높은 성취도를 보인다. 낙천적인 야구팀과 농구팀들은 경기에 패배하더라도 염세적인 팀에 비해 다음 경기를 훨씬 더 잘해낸다"라고 말했다. 성공과 위대함에는 자신감과 자존심이 무엇보다 중요하다. 뛰어난 인물들에게는 완고할 정도로 강한 신념체계가 작동하고 있다.

우리가 자신을 스스로 믿어야 하는 이유 중에 하나는, 자신을 믿는 사람은 어떻게 하면 걸작을 만들고, 어떻게 하면 경기에서 승리자가 될까에 전념하기 때문이다. 하지만 자기 자신을 믿지 못하는 사람들은 어떻게 하면 창피를 당하지 않을까, 어떻게 하면 지지 않을까에 전념한다. 무엇에 집중하고 초점을 맞추느냐에 따라, 우리는 자신의 능력과 잠재력의 스위치를 켤 수도 있고 끌 수도 있는 그런 존재들이다. 그런 점에서 성공과 승리, 탁월함과 위대함에 초점에 맞추는 사람과 실패와 패배, 평범함과 평균에 초점을 맞추는 사람의 결과는 엄청난 격차가 날 수밖에 없는 것이다.

자신을 믿는 사람은 믿음을 통해 언제나 성공과 승리, 탁월함과 위대함에 자동적으로 초점을 맞추기 때문에, 그렇지 못한 사람들보다 훨씬 더 큰 승리와 성공을 할 수 있게 된다. 이것은 자동항법장치를 갖춘 최고급 요트를 가지고 성공이라는 목적지를 설정한 것과 같은 것이다.

그렇기 때문에 '나는 성공한다', '나는 반드시 부자가 된다', '나는 반드시 이긴다', '나는 반드시 살아 돌아온다'라고 말하는 사람이 자신의 말대로 성공하고, 부자가 되고, 이기고, 전쟁에서도 살아 돌아오게 되는 것이다.

06 위대해지려고 하는 자가 성공한다

어떤 촉망받는 청년 기업가가 물었다.

"성공하면 그만이지 굳이 위대해지려고 할 필요가 있습니까? 제가 왜 꼭 위대한 회사를 만들어야 하는 거죠? 전 단지 성공하고 싶을 뿐이라면 어쩌죠?"

이 질문에 나는 말문이 막혔다. 이것은 한 게으른 인간이 던지는 물음이 아니었다. 나는 생각을 추스르고 이렇게 대답했다.

"나는 위대한 것을 만드는 일이 좋은 것을 만드는 일보다 결코 더 어렵지 않다고 믿습니다. 위대한 것에 도달하는 경우가 통계상으로는 더 드물겠지만, 그것이 평범한 상태를 지속하는 것보다 더 고통스럽지는 않습니다. 사실, 우리 연구의 일부 비교 기업에서 보다 적은 고통과 아마도 보다 적은 일에 대한 암시를 발견할 수 있었습니다. 연구 결과물들의 아름다움과 힘은, 그것들이 우리의 능률을 높이면서도 삶을 획기적으로 단순화할 수 있다는 것입니다. 무엇이 매우 중요하고 무엇이 그렇지 않은가에 대한 단순 명쾌함에는 큰 즐거움이 있습니다. 우리는 더 적은 고통을 겪고 더 적은 일을 하면서 지금보다 훨씬 효율적이고 풍요로운 삶을 살 수 있습니다. 더 힘들지도 않고, 성과는 더 좋아지고, 그 과정이 정말 즐겁다면, 우리가 위대하고 훌륭한 것을 향해 나아가지 않을 이유가 무엇입니까?"

– 짐 콜린스, 『좋은 기업을 넘어 위대한 기업으로』 중에서

짐 콜린스의 말처럼, 위대해지는 과정이 더 고통스럽지도 않고 더 힘들지도 않을 뿐만 아니라 보상은 더 좋아지고 그 과정은 훨씬 더 신나고 즐겁다면, 그것을 추구하지 않을 이유가 무엇일까?

우리로 하여금 위대해지기를 방해하는 단 한 가지 이유는 잘못된 고정관념, 보통 사람들은 위대한 삶을 살아가지 못할 것이라는 고정관념, 나 같은 평범한 사람은 위대한 것을 추구할 수 없을 것이라는 고정관념이다.

하지만 우리가 위대함을 추구하고 위대함을 갈망하여 일단 도전한다면 그 과정은 결코 더 힘들거나 더 고통스럽지 않다는 사실을 알아야 한다. 그뿐만 아니라 위대해지려는 높은 목표를 잡는 것이 우리의 생각과 의식과 태도를 변화시켜 실제로 높은 성과를 달성하는 데 큰 영향을 끼친다는 사실을 명심해야 한다.

미국에서만 수백만 부 이상 팔린 베스트셀러 『성공하는 기업들의

8가지 습관Built to Last』의 저자 짐 콜린스는 성공하는 기업들의 여덟 가지 습관 중에 하나가 '크고 위험하고 대담한 목표Big Hairy Audacious Goal'라고 말했다.

성공하는 기업이나 조직의 성공 원인 중에 하나는 이러한 '크고 위험하고 대담한 목표BHAG'를 통해 모든 조직원들의 노력이 한 점인 그 목표를 향해 집중되게 되고, 수많은 사람들이 마치 결승선을 향해 다투어 경쟁하며 달려갈 때처럼 사람들에게 활력을 불어넣어주고, 기업과 조직의 사기와 긍지를 드높여주게 된다. 1960년대 NASA의 달 착륙 계획처럼, '크고 위험하고 대담한 목표'는 모든 사람들의 잠재력과 상상력을 불러일으키고 사람들의 의식과 관심을 빨아들이는 것이다.

이러한 현상은 개인에게도 그대로 적용된다. 자신의 인생에서 크고 위험하고 대담한 목표를 가진 사람과 시시한 목표조차 없는 사람의 삶은 확연하게 다르다. 뿐만 아니라 이 두 사람의 5년 후, 10년 후는 더 달라져 있을 것이고, 20년 후에는 도저히 비교가 불가할 정도의 차이로 달라져 있을 것이다.

짐 콜린스는 크고 위험하고 대담한 목표를 세울 때는 깊은 열정을 가진 일이면서 동시에 세계 최고가 될 수 있는 일을 선택해야 한다고 말한다.

즉, 진짜 문제는 '왜 위대해져야 하나?'가 아니라, '어떤 일이 당신으로 하여금 그걸 위대하게 만들고 싶도록 하느냐?'라는 것이다. 당신으로 하여금 위대하게 만들고 싶은 마음이 생기도록 하는 그 일이 바로 당신이 세계 최고가 될 수 있는 일이며, 동시에 깊은 열정을 가진 일이기 때문이다.

07

자신감을 갖고
즉시 실행에 옮겨라

지금과 다른 삶을 살고 싶다면 인생을 혁신해야 한다. 그러한 인생 혁신의 본질은 성공 혁신이다. 그리고 성공을 혁신하기 위해서는 무엇보다도 자기 자신을 신뢰할 수 있는 자신감이 필요하다. 자신감은 용기를 필요로 한다. 그런데 성공과 행운은 자신을 신뢰할 줄 아는 용기 있는 사람들에게 몰려드는 경향이 있다.

독일의 철학자 쇼펜하우어는 진정한 희망이란 자기 자신을 신뢰하는 것에서부터 비롯되며, 그러한 행위를 하는 사람에게 행운도 따르며, 타인을 존중해줄 수도 있다고 말했다.

희망은 마치 독수리의 눈빛과도 같다.
항상 닿을 수 없을 정도로 아득히 먼 곳만
바라보고 있기 때문이다.

진정한 희망이란 바로 나(자신)를 신뢰하는 것이다.

행운은 거울 속의 나를 바라볼 수 있을 만큼

용기가 있는 사람을 따른다.

자신감을 잃어버리지 마라.

자신을 존중할 줄 아는 사람만이 다른 사람을 존중할 수 있다.

— 쇼펜하우어, 『희망에 대하여』 중에서

우리가 자신감을 가져야 하고, 자신감이 성공의 비결인 이유는 자신감을 가지지 않으면 그 어떤 시도조차 해보지 못하기 때문이다. 설사 수십 번의 망설임 끝에 어떤 작은 일을 시도한다 해도 자신감이 없는 사람은 벽에 부딪치거나 작은 시련을 만났을 때 너무도 쉽게 포기하거나 멈춰버린다. 하지만 자신감이 있는 사람은 전혀 다르다. 결단하게 되면 즉시 실행에 옮기고, 벽에 부딪치거나 작은 시련과 실패를 겪더라도 그 정도는 아무 것도 아니라고 여긴다. 그러한 느낌과 감정이 바로 자신감의 일부이다.

태국의 수도 방콕에는 3미터 높이에 5.5톤의 무게에 달하는 황금 불상이 있다. 그 가치는 2천억 원이 넘는다고 한다. 이 불상 앞에는 작은 유리 상자가 하나 놓여 있고 그 안에는 진흙이 보관되어 있다. 과연 이 진흙은 왜 보관되어 있을까?

이러한 의문을 품을 많은 관광객들을 위해 다음과 같은 사연이 적힌 안내장이 유리 상자에 붙어 있다.

1957년에 방콕을 통과하는 고속도로 공사 때문에 이 사원의 위치를 옮겨야 했다. 그래서 사찰의 승려들은 자신들의 사원에 모셔진 진흙 불상을 새로운 장소로 이동하기로 결정한다. 크레인을 동원해서 그 거대한 진흙 불상을 들어올리는 순간, 엄청난 무게로 인해 불상에 금이 가기 시작했다. 설상가상으로 비까지 내렸다. 불상의 파손을 염려한 주지는 불상을 점검하기 위해 비닐을 젖히고 플래시로 불상을 비추어보았다. 그런데 불상의 금이 간 곳을 비추자 희미한 빛이 반사되어 나오는 것이었다. 이상하게 여긴 주지는 그 반사광을 자세히 살펴보았다. 아무래도 불상 내부에 무엇인가 들어 있는 것 같다는 생각이 들어서였다.

주지는 사원에서 끌과 망치를 가져다가 진흙을 조심스럽게 걷어내기 시작했다. 작업이 진행될수록 새어나오는 빛이 더 밝아지고 강렬해졌다. 오랜 작업 끝에 마침내 그는 황금으로 만들어진 거대한 불상 앞에 마주서게 된다.

역사가들의 증언에 의하면, 수백 년 전 미얀마 군대가 태국 당시의 사이암 왕조을 침략한 적이 있었다고 한다. 사이암 왕조의 승려들은 나라가 위태로운 것을 깨닫고 자신들이 소중히 여기는 황금 불상에 진흙을 입히기 시작했다. 미얀마에게 빼앗기지 않으려는 자구책이었던 것이다. 미얀마 군대는 사이암의 승려들을 모두 학살했으며, 그 결과 황금 불상의 비밀은 영원히 수수께끼로 남아 있다가 1957년이 되어서야 우연히 세상에 밝혀지게 된 것이다.

이 이야기를 통해 필자가 느낀 것은 우리 모두는 태어나서 지금까지 살아오면서 진흙 불상처럼 진흙으로 잔뜩 덧칠을 하면서 살아왔다는 사실이었다. 진흙 불상의 가치는 2천만 원 정도라고 한다. 하지만 그 불상의 진짜 가치는 만 배 이상인 2천억 원이었다.

우리에게 자신감이 반드시 필요한 단 한 가지 이유라면 바로 이것이 아닐까? 지금까지 살면서 우리에게 잔뜩 덧칠되어 있는 진흙과 같은 평범함을 벗겨내기 위해서는 반드시 자신감이라는 끌과 망치가 필요하다.

빌 게이츠가 컴퓨터 프로그램에 미쳐서 명문대를 중퇴하고 창고에서 컴퓨터를 만들지 않았다면 아마도 그는 평범한 직장인이나 연구원으로 살았을 수도 있겠다. 좋은 대학을 졸업하였을 것이고, 좋은 직장에서 좋은 대우를 받으면서 나름대로 좋은 인생을 살았을 것이다. 하지만 그는 자신의 진짜 모습인 황금을 발견하지 못한 채 진흙 불상에 불과한 삶을 살았을 것이다. 박지성 선수나 김연아 선수가 남들처럼 평범하게 학교를 다니고 대학교에 진학했더라면, 그들은 자신에게 진흙만 덧칠하느라 자신의 진가인 황금 불상을 발견하지 못했을 것이다.

지금 우리가 이렇게 평범하게 살아가는 단 한 가지 이유는 우리에게 덧칠해진 진흙을 제대로 벗겨내지 못했기 때문이다. 최고의 삶을 살기 위해서는 이러한 진흙을 벗겨낼 수 있는 자신감이 필요하다. 우리가 자신감을 통해 우리에게 덧칠해진 진흙을 벗겨낼수록 우리의 진가는 현재 우리의 가치보다 만 배는 더 오를 수 있다.

당신의 연봉은 얼마인가? 혹은 월수입이 얼마인가? 월수입이 200만 원일 수도 있고, 300만 원일 수도 있으며, 백수라면 월수입이 아예 제로일 것이다. 하지만 분명한 사실은 당신이 누구이든 간에 현재 당신 월수입의 천 배 혹은 만 배나 되는 돈을 월수입으로 벌 수 있는 것이 당신의 진정한 모습이며, 당신의 진짜 가치라는 사실이다.

왜 누구는 연봉이 천만 원에서 3천만 원에 불과하지만, 또 다른 사람은 연봉이 천억 원에서 3천억 원이 되는 것일까? 심지어 이것보다 더 많은 사람도 있다. 바로 20세기 최고의 펀드 매니저로 꼽히는 조지 소로스이다.

그는 어린 시절 빈민가를 전전하며 공장 노동자로, 웨이터로, 접시 닦이로, 닥치는 대로 일을 했다. 하지만 일을 제대로 못해서 쫓겨나기 일쑤였고, 하는 일마다 실패를 거듭했다. 그런데 그는 지독한 공부를 통해 자신에게 덧칠해진 진흙을 벗겨내고, 최고의 펀드 매니저라는 황금 불상이 되었다. 그 결과 그의 2010년 연봉은 약 3조 6천억 원 정도가 되었다. 그가 진흙을 벗겨내지 못했을 때의 연봉은 이것과 비교도 안 되는 몇백만 원도 되지 않았다는 사실을 명심하자.

08

제대로 휴식을 취해야 기발한 아이디어를 얻을 수 있다

잘 놀 줄 아는 사람이 성공한다. 왜 그럴까? 잘 놀 줄 아는 사람은 노는 것이 어떤 것인지 제대로 알고 있기 때문이다. 그것을 제대로 알고 있는 사람은 성공 또한 무엇인지 제대로 알고 있다. 즉, 잘 놀 줄 아는 사람은 노는 것을 배운 사람이다.

노는 것은 누가 가르쳐주지 않는다. 교과서에도 없다. 하지만 노는 것을 제대로 배웠다는 것은 그만큼 학습 능력이 뛰어나다는 의미이다. 그렇게 학습 능력이 뛰어난 사람들은 성공에 대해서도 충분히 배울 수 있다.

바로 그러한 이유에서 잘 놀 줄 아는 사람이 또한 성공도 거둔다는 말은 일리가 있다.

공부를 잘하는 사람들은 두 가지 부류로 나뉜다. 어디에 가든 잘 놀지 못하는 사람과 어디에 가서 무엇을 하든 잘 노는 사람이다. 전자는 어디에 가든 무엇을 하든, 그 상황을 남들보다 빨리 쉽게 간파하거나 학습하지 못해 잘 놀지 못한다. 하지만 후자는 어떤 상황에서든 그 상황을 잘 간파하고 학습하기 때문에 그 상황을 장악하고 지배하고 남들보다 훨씬 더 잘 놀 줄 안다.

어떤 사람이 성공할까? 당연히 후자이다. 성공에 대해 배울 줄 아는 사람은 결국 성공할 수 있는 사람이고, 실제로 성공하게 된다.

자녀들이 어떤 상황에서든 잘 놀 줄 안다는 것은 그만큼 학습 능력이 뛰어나고 적응 능력이 뛰어나다는 것을 의미한다. 이렇게 잘 놀 줄 아는 자녀들이 나중에 커서 성공도 하는 것이다. 학교 공부는 잘하지만 놀 줄 모르는 모범생들은 좋은 직장에서 좋은 월급을 받으면서 살아갈 수는 있지만 창업해서 성공하거나 세상을 놀라게 할 만큼 위대한 업적을 절대로 성취해내지 못한다. 그것이 그들의 한계이기 때문이다.

일본의 최고 컨설턴트인 다나베 가츠노리 박사는 자신의 저서 『사람을 읽는 기술-성공적인 직장 생활을 위해 반드시 알아야 할 매혹의 기술 120』에서 잘 놀 줄 아는 사람이 성공하는 이유에 대해 밝혔다. 그는 일밖에 모르고 공부밖에 모르는 사람들은 우물 안 개구리가 되기 쉽고, 성격 또한 옹졸하기 십상이라고 말했다. 그뿐만 아니라 일만 계속하다가는 가장 중요한 건강을 지킬 수 없다는 사실도 언급했다. 그래서 그는 일만 하지 말고 놀기도 하며 휴식 시간을 따로 확보해야 한다고 말한다.

휴식은 인간에게 크게 세 가지 효과가 있다.

첫째, 타인의 결점이나 약점을 눈감아줄 포용력을 갖게 되며, 인간에 대한 이해심 또한 넓어진다. 다른 사람의 성공을 시샘하거나 다른 사람을 파멸시켜서라도 성공하고 말겠다는 옹졸한 생각은 하지 않게 된다.

둘째, 참신한 아이디어가 넘치고 사고의 폭이 넓어진다. 즉, 다른 각도에서 사물을 볼 수 있게 된다. 왜냐하면 자신과 상관없는 다른 분야의 일들도 객관적인 시각으로 바라볼 여유가 생기기 때문이다.

셋째, 기분전환을 할 수 있다. 사람은 누구나가 슬럼프에 빠질 때가 있고, 컨디션이 좋지 않을 때도 있다. 이때 일중독자는 더 깊은 슬럼프에 빠지지만, 잘 놀 줄 아는 사람은 여기에서 빨리 탈출한다. 감정을 조절하는 방법에 능숙하기 때문이다.

한국의 작가 중에서도 '노는 만큼 성공한다'라고 주장하는 사람이 있다. 바로 문화심리학자 김정운 교수다. 그는 한국 사회의 진정한 위기는 정치나 경제적인 요인으로 야기되는 것이 아니라, 행복한 사람을 찾기 힘든 한국 사회의 문화심리학적 구조에서 온다고 말한다. 사는 게 재미없는 사람이 너무 많은 것이 우리 사회의 근본적인 문제라는 것이다. 그렇게 사는 게 재미없으면서도 일만 하고 인내하고 견뎌내는 생활 태도와 방식으로는 21세기를 앞서 나갈 수 없다고 주장한다.

여기에 필자는 한술 더 떠서, 재미없게 사는 사람은 건강하게 살수도 없고 성공할 수도 없을 뿐만 아니라 생존도 힘들어지는 시대가 바로 이 시대라고 말하고 싶다. 왜냐하면 이 시대는 더 이상 전문가들의 시대가 아니기 때문이다. 이 시대는 창조성과 감성이 가장 핵심적인 경쟁력이 되는 시대이기 때문이다.

이러한 시대에 가장 큰 힘은 전문적인 지식이 아니라 창조적인 상상력이다. 창조적인 상상력은 인간에게 환희와 짜릿함을 선사해주는 놀이 속에 가장 많이 숨겨져 있다. 가장 행복하고 열광적으로 놀 때 우리는 세상에서 그 누구보다도 더 창의적인 순간을 경험하게 된다.

고정된 자세로 의자에 앉아 있을 때보다 가장 편한 자세로 누워 있을 때 훨씬 더 창의적인 사람이 되는 이유를 생각해봐야 한다. 빡빡하게 짜인 업무 시간에는 절대로 창의성이 나오지 않는다. 하지만 자유롭고 한가한 자유 시간에는 창조적인 생각과 기발한 아이디어가 샘솟는다. 바로 이러한 원리를 이용하여 성공하고 있는 기업들이 많다. 구글이나 3M이 그러하다.

창조적인 사람이 되고 싶다면 잘 놀아야 하고, 잘 쉬어야 한다. 당신이 행복하고 즐거워야 타인에 대해 훨씬 더 친절해질 수 있다. 행복하고 즐거운 사람들이 많아질수록 이 사회는 더욱 더 살기 좋고 따뜻해질 것이다.

회사나 일이 생활의 중심이고 가정이나 휴식이나 놀이는 변방으로 밀려나는 삶은 절대 창조적이지도, 효율적이지도 못하다. 무조건 오랜 시간 일만 하는 것보다는 시간을 효율적으로, 창조적으로 사용하면 생산성과 창조성이 높아져 개인도, 사회도, 기업도 동반 성장하게 된다. 장시간 일만 하면 일에 대한 몰입도와 열정도 떨어지게 된다.

유럽에서 최고로 손꼽히는, 시간 관리 및 인생 관리 전문가이자 동시에 세계적인 베스트셀러 작가인 로타르 J.자이베르트는 자신의 저서 『더 단순하게 살아라 Simplify Your Time』를 통해 우리에게 이러한 사실을 설파했다.

"놀아라! 쉬어라! 빈둥거려라! 그래야 성공한다."

그는 우리가 조금만 숨을 돌리고 짧은 휴식을 취해도 활력과 에너지를 회복할 수 있음에도 불구하고 그렇게 하지 못하는 경우가 많다고 충고한다. 성공과 건강을 위한 휴식은 스트레스와 야근보다 훨씬 더 중요한 가치를 지녔다는 사실을 그는 강조한다. 윈스턴 처칠 또는 빌 클린턴이 위기 상황이 최고조에 달했을 때도 정오의 낮잠을 거른 적이 거의 없다는 사실을 말하면서 그는 휴식의 가치와 중요성에 대해 강조한다.

빈둥빈둥 게으름을 피울 만한 한가한 시간은 빼곡하게 들어찬 우리의 다이어리에서 비집고 들어설 자리가 없다. 우리는 스케줄상 작은 빈틈도 용납하지 않고, 마지막 남은 몇 분의 시간도 남김없이 이용하기 위해 모든 방법을 다 동원한다. 아무런 활동 계획을 세우지 않은 자유 시간이 무엇을 의미하는지 아예 잊어버린 사람들도 적지 않다.

그러나 빈둥빈둥 시간을 보내는 것은 그 자체로 가치 있고 우리 삶에서 필수불가결한 요소다. 인류 역사를 바꾼 위대한 아이디어가 대부분 여유를 즐길 때 탄생했다는 사실에서 알 수 있듯, 휴식은 더 큰 발전을 위한 발판이 되어준다. 한가한 시간은 삶의 일부분이다. 게으름을 용납하고 별다른 목적 없이 시간을 즐겨보자.

— 로타르 J.자이베르트, 『더 단순하게 살아라』 중에서

그의 말처럼 우리는 휴식을 중요하게 생각하지 않는 경향이 있다. 돈이나 시간이 매우 중요하다는 사실은 알고 있지만 휴식을 중요하다고 생각하지 않는다. 그 이유 중에 하나는 휴식이 우리에게 선사해줄 수 있는 것들에 대해 잊어버렸기 때문이다.

휴식은 우리에게 더 큰 발전을 위한 발판이 되어주고, 이보 전진을 위한 일보 후퇴와 같은 것이다.

놀 줄 모르고 즐길 줄 모르는 사람의 인생은 하루아침에 무미건조한 사막과 같은 재미없는 인생으로 변할 수 있다. 자기 인생을 그렇게 만드는 사람은 다름 아닌 자기 자신이다.

잘 놀 줄 알고, 스스로 놀 줄 알고, 스스로를 즐길 줄 아는 사람에게는 여유가 있고, 그 여유는 만족감과 창의성, 그리고 일에 대한 열정과 능력을 극대화시키는 좋은 밑거름으로 오롯이 우리에게 보답해준다.

단순히 TV 앞에 누워서 리모컨을 붙잡고 있는 것이나, 인터넷 서핑을 하거나, 동료나 친구들과 잡담을 나누거나 하는 등의 행동은, 진정한 휴식도 아니고 노는 것도 아니고 일하는 것도 아니다. 이러한 행동은 제대로 빈둥거리는 것조차도 아니다.

당신에게 여유를 주고, 창조성을 주고, 일과 삶에 대한 열정과 에너지와 만족감과 존재에 대한 감사를 느끼게 해주는 것이, 진정한 휴식이며 진정한 빈둥거림이다. 그러므로 잘 놀기 위해 노력해야 한

다. 잘 놀 수 있는 사람, 잘 노는 사람이 회사에서도 생산성이 높고, 창의적이고, 의욕적이며, 주위 사람들로부터 평판도 좋고, 윗사람으로부터 인정도 받는다.

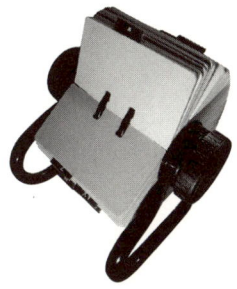

제5장

최상의 선택을 하고
끈기 있게 성공을 실천하라

"나무가 클수록 그 뿌리가 깊듯이 모든 위대한 성과는 장구한 준비가 필요하다.
당신에게 기운과 에너지를 불어넣어주는 인생의 금언을 정해 책상 앞에 붙여
놓고 하루에 한 번씩 큰 소리로 읽어라."
 - 괴테

"사람은 반복적으로 행하는 것에 따라 판명되는 존재이다. 따라서 탁월함이란
단일 행동이 아니라 바로 습관이다."
 - 아리스토텔레스

실천을 통해
성공을 실현시켜라

"우리가 성공에 대해 알고 있는 것은 전부 틀렸다!"

성공의 기회를 발견한 사람들의 이야기이자, 우리가 알고 있던 성공에 대한 통념들을 과감하게 틀렸다고 주장하는 책 『아웃라이어 OUTLIERS』에 나오는 이 말은 필자를 사로잡았다.

이 책의 저자인 말콤 글래드웰은 거침없이 우리가 성공에 대해 알고 있는 것이 틀렸다고 쏘아붙이고 있다.

말콤 글래드웰은 누구인가? 2008년 월스트리트저널에서 선정한 '세계에서 가장 영향력 있는 경영사상가 10인'에 당당히 들어 있는 세계적인 인물 아닌가! 바로 그런 권위자가 말한다. 성공에 대해 우리가 알고 있는 생각은 틀렸다고 말이다. 그것도 전부 다 (ALL) 틀렸다고 말이다.

그렇다면 정확하게 그 전부 다는 무엇일까?

'성공은 능력 있고 재능 있는 사람들이 하는 것이다'라는 말일 것이다. 글래드웰은 자신의 책을 통해 능력과 재능에 상관없이 사회적으로 더 많이 연습할 기회를 부여받고, 그 결과 남들보다 더 많이 연습하고 더 많이 실천한 사람들이 결국에는 대가가 되고 성공한다는 매우 충격적인 주장을 펼쳤다.

재미있는 사실은, 성공과 성취의 공식이 '재능 더하기 연습'이지만, 심리학자들이 재능 있는 이들의 경력을 관찰해본 결과 타고난 재능의 역할은 줄어들고 연습의 역할은 커진다는 사실을 발견했다는 것이다.

심리학자 K.안데르스 에릭손이 1990년대 초 연구한 내용이 있다. 바이올리니스트의 수준을 세 단계로 나누어, 첫 번째 단계의 그룹은 세계적인 수준의 연주가 가능한 '엘리트' 그룹으로, 두 번째 단계의 그룹은 평범하게 잘하는 그룹으로, 세 번째 단계의 그룹은 공립학교 음악교사 그룹으로 하여 이들에게 똑같은 질문을 한 것이다.

"처음으로 바이올린을 집어든 순간부터 지금까지 얼마나 많은 연습을 해왔는가?"

결과는 우리에게 재능이 아니라 실천, 연습, 훈련이 더 중요하다는 사실을 극명하게 보여주었다. 엘리트 그룹일수록 또한 나이가 많아질수록 연습 시간이 더 많았고, 결과적으로 그들은 1만 시간을 연습하고 실천했다. 중간 수준의 그룹인 잘하는 그룹은 8천 시간을 연습했고, 공립하고 음악교사 그룹은 4천 시간을 연습하고 실천했다.

결론은, 실천을 얼마나 많이 하고 연습을 누가 더 많이 했느냐가 성공과 실패, 걸작과 졸작을 가르는 기준이 되어준다는 것이다. 최고

중의 최고는 그냥 열심히 하는 게 아니라 훨씬, 훨씬 더 열심히 하는 사람들이었다. 성공한 사람 중에서도 최고의 성공인들은 그저 실천한 사람이 아니라 평범한 사람들이 상상도 못할 정도의 도전을 감행한 최고의 실천인들이었던 것이다.

신경과학자인 다니엘 레비틴은 어느 분야에서든 세계 수준의 전문가, 즉 마스터가 되려면 1만 시간의 연습이 필요하다는 연구 결과를 내놓았다.

작곡가, 야구선수, 소설가, 스케이트 선수, 피아니스트, 체스 선수, 숙달된 범죄자, 그밖에 어떤 분야에서든 연구를 거듭하면 할수록 이 수치를 확인할 수 있다. 1만 시간은 대략 하루 세 시간, 일주일에 스무 시간씩 10년간 연습한 것과 같다. 물론 이 수치는 '왜 어떤 사람은 연습을 통해 남보다 더 많은 것을 얻어내는가'에 대해서는 아무 것도 설명해주지 못한다. 그러나 어느 분야에서든 이보다 적은 시간을 연습해 세계 수준의 전문가가 탄생한 경우를 발견하지는 못했다. 어쩌면 두뇌는 진정한 숙련자의 경지에 접어들기까지 그 정도의 시간을 요구하는지도 모른다.

우리가 신동이라고 부르는 이들도 예외는 아니다. 예를 들어 모차르트는 여섯 살에 작곡을 시작했다고 알려져 있지만, 심리학자 마이클 호위는 『천재를 말하다 Genius Explained』에서 이렇게 서술하고 있다.

"숙달된 작곡가의 기준에서 볼 때 모차르트의 초기 작품은 놀라운 것이 아니다. 가장 초기에 나온 것은 대개 모차르트의 아버지가 작성했을 것으로 보이며 이후 점차 발전해왔다. 모차르트가 어린 시절에 작곡한 협주곡, 특히 처음 일곱 편의 피아노 협주곡은 다른 작곡가들의 작품을 재배열한 것에 지나지 않는다. 현재 걸작으로 평가받는 진정한 모차르트의 협주곡^{협주곡 9번, 작품번호 271}은 스물한 살 때부터 만들어졌다. 이는 모차르트가 협주곡을 만들기 시작한 지 10년이 흐른 시점이었다."

음악평론가 헤롤드 쇤베르그는 여기서 한 걸음 더 나아간다. 그는 모차르트의 위대한 작품들이 작곡을 시작한 지 20년이 지나서야 나오기 시작한 것을 볼 때, 모차르트의 재능은 "늦게 개발되었다"고 평가한다.

– 말콤 글래드웰, 『아웃라이어』 중에서

우리가 이 대목에서 배워야 할 성공은, 모차르트 역시 남들보다 더 많이 연습하고 더 많이 실천하지 않았다면, 우리가 알고 있는 천재 모차르트는 존재하지 않았을 것이라는 사실이다. 세기의 음악 천재 모차르트 역시 '실천'을 통해 스스로를 천재로 만들어갔다는 사실이다.

과거의 사람뿐만 아니라 동시대의 사람 중에도 바로 이런 경우가 있다. 농구의 황제라 불리는 마이클 조던이다. 그가 농구하는 모습을 보면, 사람이 어떻게 저렇게 높게 점프를 하며, 어쩌면 저렇게 슛을 잘 넣을 수 있을까 하는 감탄이 절로 나온다. 하지만 그 역시 고등학교 때는 농구 실력이 또래 친구들보다 더 나을 것이 없어서, 심지어는 더 못해서 고등학교 농구부에서 퇴출을 당한 적이 있다.

그 일을 겪은 마이클 조던은 하루 종일 울고 나서, 다음 날부터 새벽마다 농구 연습을 했다. 누구보다도 더 많이, 더 지독하게. 고등학교 때의 아픔이 마이클 조던으로 하여금 더 많이 실천하게 해준 것이다. 결국 남들보다 더 많은 실천이 뿌리가 되어 지금의 마이클 조던이 탄생하게 되었다고 필자는 생각한다.

말콤 글래드웰은 자신의 책에서 사회적으로 큰 성공을 거둔 사람들, 즉 존 D.록펠러, 앤드루 카네기, 프레드릭 와이어하우저, 제이 굴드, 마셜 필드, 조지 F.베이커, 헤티 그린, 제임스 G.페어, 헨리 H.로저스, J.P.모건, 올리버 H.페인, 조지 풀먼 등과 같은 인물들은 모두 포브스가 선정한 인류 역사상 가장 부유한 75인 중에 다 포함되지만, 이들이 큰 성공을 거두게 된 요인에는 사회적인 상황, 시대적인 조건도 한 몫 하고 있다고 주장한다. 즉, 이들이 모두 1831년에서 1840년 사이에 태어났기 때문에 이들이 성인이 되었을 때인 1860년대와 1870년대가 미국 역사상 경제적으로 가장 큰 변화와 성장을 겪은 시기이므로, 가장 큰 기회와 성공의 조건이 되어주었다는 것이다.

결론적으로 이들이 만약에 1840년대 후반에 태어났더라면 그렇게 큰 성공의 기회를 얻지 못했을 것이라는 말이다.

하지만 그들과 똑같이 1830년대에 태어난 사람들 중에 큰 성공을 하지 못한 사람들이 비교도 하지 못할 정도로 훨씬 더 많다는 사실과, 1840년대 후반에 태어난 사람 중에도 이들만큼 큰 성공을 한 사람이 없지 않다는 사실을 주목해야 한다. 무엇보다, 이들이 남들보다 더 큰 실천과 노력과 도전과 모험을 하지 않았다면 과연 이들은 큰 성공을 거둘 수 있었을까?

누군가의 성공에는 시대적인 조건이나 운도 작용하겠지만 그것보다 더 중요한 요인은 자신의 노력과 실천이다. 노력하고 실천할 때, 시대적 상황과 운도 더 큰 역할을 하게 될 뿐이라는 사실을 망각해서는 안 된다.

전설적인 록 밴드 비틀스의 탄생 비화를 보면 실천, 또 실천, 그리고 또 실천이 얼마나 중요한 것인지 실감하게 된다. 말콤 글래드웰은 진정한 아웃라이어가 되기 위한 매직 넘버인 1만 시간의 법칙을 설명하기 위해 비틀스의 탄생 배경을 설명했다.

존 레논과 폴 매카트니, 조지 해리슨, 링고 스타로 구성된 영국의 전설적인 록그룹 비틀스는 결국 1만 시간의 노력과 연습과 실천이 탄생시킨 것이라고 한다. 그들이 무명의 고등학교 록 밴드에 불과할 때 독일 함부르크의 클럽으로부터 초대를 받아, 1년 6개월 동안 일주일 내내 하루 여덟 시간씩 연습을 하게 되었다.

7일 동안 하루 여덟 시간씩 연주하게 되면서 그들은 스스로 실력이 증가하는 것에 대해 놀라게 되었다고 한다.

"우리의 연주 실력은 점점 좋아졌고 자신감을 얻었습니다. 날이면 날마다 밤새도록 연주를 했으니 그럴 수밖에 없었죠. 우리는 그곳에서 더욱 열심히 노력했고 노래에 마음과 영혼을 담으려 애썼습니다. 리버풀에서는 고작 한 시간만 연주할 수 있었기 때문에 우리가 가장 잘하는 곡만 반복해서 연주했죠. 하지만 함부르크에서는 여덟 시간씩 연주할 수 있었기 때문에 여러 가지 곡들과 새로운 연주방법을 시도할 수 있었습니다."

존 레논의 말처럼, 우리가 지금 알고 있는 비틀스가 탄생한 것은 그들이 함께 연주하기 시작한 1957년이 아니라, 함부르크에서 매일 여덟 시간씩 연습을 하고 나서인, 즉 함부르크에서의 지독한 실천이 있은 후인 1962년이었던 것이다. 그들이 하루 여덟 시간씩의 연주를 통해 그전까지는 경험하지 못한 다양한 버전의 노래들을 연습하고 실천함으로써 숙달이 가능해졌고, 남들과 차별화된 소리를 스스로 만들낼 수 있었다.

결국 비틀스를 만든 것은 실천이었다. 이와 마찬가지로 빌 게이츠를 만든 것도 실천이었다고 말콤 글래드웰은 말한다. 빌 게이츠가 10대 시절 마음껏 프로그래밍 연습을 하였기 때문에 지금의 빌 게이츠가 탄생할 수 있었다는 것이다.

이로써 가장 중요한 성공 요인은 IQ도 아니고, 재능도 아닌 노력으로 대변되는 '실천'이었다고 말할 수 있겠다.

계획, 전략, 비전이 아무리 좋다 해도 그것을 실현시키는 결정적이고 필수적인 조건은 실천이다. 실천이야말로 성공을 실현시키고 앞당기는 실질적인 기술인 셈이다. 자기 분야에서 일가를 이룬 자들이나 대가들은 누구나 할 것 없이 실천을 한 '실천인'이었다는 사실을 잊지 않아야 한다.

행동이
모든 것이고 전부이다

인류 역사상 지금만큼 성공에 관한 책들이 넘쳐나는 시대는 없었다. 성공한 사람, 성공한 기업에 대한 연구와 분석이 지금처럼 활발하게 이루어진 적은 없었다. 그 결과 인류 역사상 성공에 대한 지식이 지금처럼 폭발적으로 증가한 적도 없었다. 그뿐만 아니라 지금처럼 일반 대중들이 성공법에 대한 책을 쉽게, 다양하게 읽을 수 있는 시대도 일찍이 없었다. 하지만 그렇다고 많은 사람들이 모두 성공하는 것은 아니다.

성공 비결과 성공 법칙에 대해 많은 지식과 정보를 습득했음에도 너무나도 많은 사람들이 성공의 문턱에도 가보지 못하고 있는 것이 현실이다. 그들이 그토록 많은 성공 도서들을 읽고도 성공하지 못하는 까닭은, 그들이 성공하는 방법을 모르기 때문도 아니요, 그들이 재능이나 능력이 부족하기 때문도 아니다.

그들이 성공하지 못하는 단 한 가지 이유는 아는 것을 실행할 줄 모르기 때문이다. 동시에 실행하지 못하기 때문이기도 하다. 그런 점에서 실행력이 성공과 실패의 모든 것이고 전부라고 할 수 있다. 실행력을 갖춘 자에게는 멋진 전략, 즉 계획과 꿈과 목표가 모두 유효한 것이 되지만, 실행력이 없는 사람에게는 그 어떤 계획이나 눈부신 꿈, 목표도 몽상에 불과한 것이 되어버린다.

이처럼 실행력은 매우 중요할 뿐만 아니라 모든 것이고 전부라고 할 수 있다. 따라서 성공하기 위해 가장 중요한 한 가지를 들라고 한다면 실행력이라고 해야 한다.

성공한 사람들은 철저히 '행동지향'적이다. 그들은 누구보다 더 바삐 움직이고, 더 많이 노력하고 더 열심히 노력한다. 조금이라도 더 일찍 일을 시작하고 조금이라도 더 늦게까지 일에 매달린다. 그들은 항상 행동하고 움직인다. 이것이 성공한 사람들에게서 나타나는 그들의 모습이다.

반면에 실패한 사람들은 항상 생각만 하고 말만 한다. 그들은 막다른 골목에 도착하기 전까지는 절대 움직이거나 행동하거나 시작하지 않는다. 그들은 더 늦게 시작하고, 더 적게 노력하고, 적당히 노력한다. 그들은 항상 우물쭈물하고, 시작하기 전이다. 이것이 실패한 사람들에게서 찾아볼 수 있는 모습이다.

성공한 사람들은 실패하는 사람들이 우물쭈물하는 그 시간에 이미 무수한 시도를 했고, 그 결과 실패도 많이 한다. 하지만 그들이 최종적으로 대면하게 되는 것은 엄청난 성공이다. 큰 성공을 거둔 사람은 그들 역시 수많은 실패를 했음에도 불구하고 도전하고 시도하고 행동하는 것을 멈추지 않았다.

'크게 되고 싶다면 작게 행동하라'라는 기발한 아이디어로 독자들을 사로잡은 책 『이제는 작은 것이 큰 것이다 Small is the new Big』와 『보랏빛 소가 온다 Purple Cow』 등의 저자인 세스 고딘이 세계적인 베스트셀러 작가로 큰 성공을 거둘 수 있었던 단 한 가지 이유는 '행동하는 것을 멈추지 않고 행동에 집중했기 때문'이다. 그가 베스트셀러 작가가 되어 우리에게 알려지기 전에 그는 무수한 시도와 행동을 했고, 그러한 시도와 행동이 결국 성공이라는 결실을 맺게 된 것이다.

어떤 일을 마무리했다고 그것이 곧 걸작이 되는 건 아니다. 나는 책을 100권 이상 만들어냈다. 물론 모든 책이 잘나가지는 않았다. 하지만 그 책들을 쓰지 않았다면 나는 이 책 『린치핀』을 쓸 기회를 갖지 못했을 것이다. 피카소는 천 점 이상의 그림을 그렸다. 그렇기 때문에 사람들은 피카소의 그림을 세 개 이상 알고 있는 것이다.

– 세스 고딘, 『린치핀』 중에서

03 성공에 열광하여
자기 자신을 뛰어넘어라

"태양 빛을 본 사람은 더 이상 촛불에 연연할 수 없다."

필자가 작가로서의 인생을 살기 직전에 어디선가 본 글귀이다. 필자는 이 글귀를 잊을 수가 없다. 필자의 삶을 이끌어준 한 마디라고 할 수 있다. 우리가 성공에 열광하고 성공을 실천해야 하는 이유는 세상 그 어떤 것도 열정과 실천 없이 이루어진 것은 존재하지 않기 때문이다.

헬렌 켈러 여사는 이런 말을 했다.

"날고 싶은 충동을 느끼는 사람은 절대로 기는 것에 만족하지 않는다."

당신이 지금까지 성공을 하지 못했다면 그것은 성공하겠다는 강렬한 충동을 느껴보지 못했기 때문이 아닐까? 성공에 대한 강한 갈망과 열광이 당신에게 존재하지 않는다면 당신이 아무리 재능이 뛰어나다고 해도 성공할 수 없다.

성공은 간절히 바라는 마음에서 시작된다. 간절한 마음이 있을 때, 성공의 길이 보이고, 성공을 예측할 수 있고, 성공을 배울 수 있고, 성공을 혁신할 수 있다.

재미있는 사실은, 평범한 사람일수록 평범한 결과에 집착한다는 사실이다. 평범한 사람일수록 성공에 열광하지 않고, 성공에 대한 갈망도 느끼지 못한다는 사실은, 위대한 성공에 대한 갈망이 있다면 위대한 성공에 대한 가능성이 있다는 방증이다. 평범한 자신을 넘어 최고의 자신을 만드는 첫 번째 길은 위대함을 갈망하고, 성공에 열광하는 것이다.

성공에 열광하라는 것은 단순히 부와 명예와 높은 직위와 권력에 집착하라는 말이 아니다. 그러한 것들에는 집착할 가치도 없다는 사실을 성공에 열광하게 되면 깨닫게 된다. 성공에 열광하라는 것은 태양 빛을 보라는 것이고, 날고 싶은 충동을 느끼라는 것이다.

부와 명예와 높은 직위와 권력은 촛불 같은 것이다. 이런 것들은 조금 더 빨리 기는 것으로 충분히 얻을 수 있는 것들이다. 하지만 성공에 열광함으로써 우리가 얻을 수 있는 것은 자신을 뛰어넘는 것이고, 종합 예술가가 되는 것이고, 최고의 삶을 살아가게 되는 것이다.

성공에 열광한다는 것은 가치를 창출하는 크리에이티브creative, 창의적인 사람가 된다는 의미이다. 성공成功이라는 말의 원래의 의미는 무엇인가를 이룬다는 것이다. 즉, 없던 무엇인가를 창출해내는 것이라고 말할 수 있다. 그렇기 때문에 가장 성공적인 삶은 창조해내는 삶이라고 할 수 있다. 따라서 성공한다는 것은 부와 명예를 얻는다는 것이 아니라 창조해낸다는 것을 의미한다.

참된 성공을 한 사람들은 이 세상에 존재하지 않았던 것들, 예를 들면 컴퓨터, 아이폰, 페이스북을 만든 빌 게이츠, 스티브 잡스, 마크 주커버그 같은 인물들이다. 기존에 있던 집을 투자 대상으로 삼아 집값만 올리면서 돈을 버는 사람들은 그 어떤 것도 창출해낸 적이 없으므로 진정한 의미의 성공자라고 할 수 없다.

성공에 열광한다는 것은 평범했던 자기 자신을 뛰어넘어 창조자가 되고, 크리에이티브가 된다는 의미이다. 즉, 성공을 실천하는 것이다. 우리가 화이트칼라이든 블루칼라이든, 백수이든 예술가이든 주부이든 간에, 우리에게 필요한 것은 성공을 실천하는 것이고, 크리에이티브가 되는 것이다.

미국에서 가장 인기 있는 연사이자 자기계발 칼럼니스트이면서 비즈니스맨들의 창조적 성과를 지원하는 컨설팅기업 '액시덴틀 크리에이티브'의 창업자이기도 한 토드 헨리는 "진정한 성공은 자기 자신을 뛰어넘는 바로 그 순간부터 시작된다"고 강조한다. 평범한 우리들이 영원히 2등에 머무르지 않고 새로운 인생과 가치 있는 성공으로 도약할 수 있게 해주는 것은 평범함을 넘어 위대해지고 싶어 하는 욕망이라고 말하면서, 이러한 사실을 자신이 쓴 책에서 다음과 같이 설명하고 있다.

나를 뛰어넘는다는 건 더 큰 부와 명예가 목적이 아니다. 내 안에 숨어 있는 크리에이티브 creative, ⑪ 창의적인 사람와 만나는 것이다. 크리에이티브는 소수만이 도달할 수 있는 지점이 아니다. 누구나 크리에이티브가 될 수 있다. 아니, 누구나 크리에이티브가 되어야

만 한다. 혹자는 타고난 천재만이 크리에이티브가 될 수 있다고 생각할지 모른다. 하지만 이는 지극히 잘못된 생각이다. 천재란 머리가 비상한 사람이 아니다. 진정한 천재란 '가장 핵심적인 곳에 최고의 에너지를 쏟아부을 줄 아는 사람'이다.

머리만 믿고 노력을 게을리하는 천재는 크리에이티브가 되지 못한다. 반면에 모든 크리에이티브는 천재다. 빌 게이츠, 스티브 잡스, 마크 주커버그는 혀를 내두를 만큼 탁월한 에너지와 집중력을 갖춘 진정한 크리에이티브다. 따라서 당신이 스스로를 뭐라고 부르든 간에, 어떤 일을 하든 간에 문제를 해결하고 전략을 구축하고 새로운 가치와 아이디어를 만들어내는 일을 하는 사람이라면 당신은 분명 크리에이티브다.

문제는 무늬만이 아니라 뼛속까지 크리에이티브가 되는 것이다. 대기업 CEO에서부터 부두 하역장의 노동자에 이르기까지, 우리는 자기 일에 새로운 가치를 창출하는 크리에이티브가 되어야 한다. 강요가 아니라 자발적 의지로서 말이다. 1분 1초도 평범해지지 않겠다는 결심을 1분 1초도 놓치지 않고 실천하지 않으면, 우리는 지천에 널린 흉내쟁이 커버 밴드cover band, 다른 가수의 노래를 부르는 밴드가 되고 만다.

– 토드 헨리, 『나를 뛰어넘는 법』 중에서

우리가 이렇게 다른 사람을 흉내 내고 다른 사람과 별반 다를 바 없는 평범한 사람에서 벗어나 창조적인 크리에이티브가 되어, 비범하게, 남과 다르게 어떤 일을 하게 되면, 그 보상은 우리의 상상을 초월한다. 그러한 보상 중에는 금전적이고 사회적인 보상보다 더 큰 보상이 있다. 그것은 바로 자기 자신을 뛰어넘었다는 자긍심이다. 크리에이티브가 될수록, 자신의 존재 가치가 높아지는 것을 생생하게 체험할 수 있다. 이 세상에 당신이 하는 그 일을 할 수 있는 사람은 오직 당신뿐이게 되는 날도 멀지 않았음을 알게 된다. 바로 그 순간이 최고의 삶을 살게 되는 순간이다.

성공에 열광하고 성공을 실천한다는 것은 이 세상에서 유일무이한 자신을 만들어나간다는 의미이다. 그것이 진정한 성공의 참된 의미이기 때문이다. 극작가 오스카 와일드가 "자기 자신으로서 행동하라. 다른 사람은 이미 다른 사람이 다 차지하고 있다"고 말한 것처럼 남과 다른 우리 자신, 유일무이한 우리 자신을 만들어가는 것이 바로 성공을 실천하는 것이다.

감기 환자를 치료하고 처방해주는 의사가 되는 것은 성공을 실천하는 것이 아니다. 하지만 어려운 수술을 멋지게 해낼 수 있는 유일무이한 명의가 되는 것은 성공을 실천한 것이다. 프로 축구선수가 되는 것은 성공을 실천한 것도 아니며 유일무이한 자신을 창조한 것도 아니다. 하지만 한국인으로서는 처음으로 프리미어리그에서 오랫동안 맹활약한 박지성 선수는 유일무이한 자신을 창조한 사람이고 진정한 성공자라고 할 수 있다. 박세리 선수, 김연아 선수, 박찬호 선수 들은 그런 점에서 모두 크리에이티브라고 할 수 있다.

한국의 기업으로는 최초로 세계 초일류기업으로 도약한 삼성을 키운 이건희도, 의사로서 유일무이하게 백신 프로그램을 개발한 안철수도 모두 진정한 성공자이며 크리에이티브라고 할 수 있다.

전략이 아닌
행동에 집중하라

    6년간의 연구 프로젝트를 통해, 동종 회사들에게 널리 인정받고 주위에 큰 영향을 끼치며 오랜 전통을 가진 최고의 기업들과 그렇지 못한 평범한 기업들과의 차이점을 비교 분석한 책 『성공하는 기업들의 8가지 습관Built to last』짐 콜린스, 제리 포라스 지음은 일류 아이디어나, 위대하고 카리스마 넘치는 비전 있는 지도자나, 복잡하고 위대한 전략의 허상에 대해 우리들의 맹점을 잘 설명해준다.

    이 책에서는 위대한 기업을 비전을 가진 회사visionary company, 이하 비전 기업라고 명명하지만, 이러한 명칭은 매우 잘못되었다. 위대한 기업들은 거창한 '비전 선언문'을 통해 혹은 비전을 갖고 있었기 때문에 위대한 기업으로 도약한 것은 절대 아니기 때문이다. 결론은, 전략이나 비전이나 아이디어가 아닌 행동에 집중했기 때문에 그들이 위대한 기업으로 성장하고 도약할 수 있었다는 것이다.

'일류 아이디어'를 가지고 기업을 시작한다는 것은 좋은 아이디어가 아닐 수 있다. 일류 아이디어를 가지고 시작한 위대한 기업은 거의 없다. 사실 몇몇 위대한 기업은 특별한 아이디어 없이 시작했고, 몇몇 기업은 시작한 후 바로 실패를 겪기도 했다. 더욱이 우리 연구의 비전 기업들은 창업 정신과는 상관없이 비교 기업들보다 초기의 창업적 성공entrepreneurial success이 확실히 덜한 경향이 있었다. 토끼와 거북이의 이야기처럼 위대한 기업들은 대개 느리게 출발하나 결국 경주에서 이긴다.

– 짐 콜린스 외, 『성공하는 기업들의 8가지 습관』 중에서

또한 이 책에서는 비전 선언을 통한 비전을 갖는 것이 위대한 기업으로 성장하는 데 반드시 필요한 것은 아니라는 사실에 대해 정확하게 말해준다.

위대한 기업들이 비전 선언을 했기 때문에 그런 위치에 도달한 것은 아니다. 또한 오늘날 경영에서 유행이 된 비전, 가치, 목표, 사명, 야망 중 하나를 그들이 실제로 작성했기 때문도 아니다. 비전 선언을 하는 것은 위대한 기업을 만드는 데 도움이 되지만, 우리가 위대한 기업에서 발견한 기본 특질을 표현하는 끝없는 과정의 수천 단계 중 하나일 뿐이다.

일류 아이디어도 아니고 비전도 아니라면, 과연 무엇이 위대한 기업을 만들고 그 높은 곳까지 이끌어갔던 것일까? 그것은 바로 '행동'

이다.

> (잘못된) 신화 : 크게 성공한 회사들은 보기 좋고 복잡한 전략적
> 기획에 의해 그들의 움직임을 결정한다.
> 현실 : 위대한 기업들은 실험, 시행착오, 기회, 글자 그대로 우연
> 에 의해 그들의 움직임을 결정한다. 되돌아보면 빛나는 안목과 기
> 획에 의한 것 같은 의사 결정들도 종종 "이것저것 많이 해보고 어
> 떻게 되나 봅시다" 하는 것들의 결과였다. 이런 점에서 위대한 기
> 업들은 종種의 생물학적 진화를 흉내 낸다. 우리는 전략 기획에 대
> 한 어떤 책보다 찰스 다윈의『종의 기원』이 위대한 기업의 성공을
> 확실히 재현하는 데 도움이 된다는 것을 발견했다.
>
> – 짐 콜린스 외,『성공하는 기업들의 8가지 습관』 중에서

결론은 바로 이것이다. 이것저것 많이 실천해보고, 많은 도전을 하
고, 많은 행동을 하는 것이다. 그렇게 남들보다 더 많이 시도하고 더
많이 실패하다 보니, 남들보다 더 큰 성공을 하게 되었다는 것이다.
과연 이것을 우리는 액면 그대로 믿을 수 있을까?

세계적인 혁신 기업인 3M의 전 CEO 리처드 칼턴의 말을 통해서
어느 정도 이 말이 사실이라고 믿을 수 있을 것 같다.

"우리 회사는 정말 우연히 새로운 상품을 개발해왔다. 그러나 무
엇인가 시도조차 하지 않았다면 우연이라도 무엇인가 새로운 것을
만들 수 없었다는 사실을 잊지 마라."

그의 말처럼 3M의 효자 상품인 포스트 잇은 전략이나 치밀한 계

획에 의해서 만들어진 상품이 아니라 일단 시도해보는 행동에 집중했기 때문에 만들어질 수 있었다. 즉, 무엇인가를 행동에 옮겨서 실천할 때 무엇인가를 얻을 수 있다는 철학을 3M이 철저하게 실천해왔다는 점을 보여주는 대표적인 사례라고 할 수 있는 상품이 바로 '포스트 잇'이다.

포스트 잇의 개발에 참여했던 아트 프라이의 말은 이러한 사실을 잘 말해준다.

"1974년 어느 날 교회 의자에 앉아 노래를 부르고 있는데 창조적인 생각이 떠올랐다. 나는 일요일 예배를 볼 때 노래를 쉽게 찾을 수 있도록 조그만 종이쪽지를 끼워놓곤 했다. 그렇지만 쪽지가 자꾸 빠져나와 곤란해지는 일이 자주 발생했다. 그래서 나는 '책에 표시를 하기 위한 접착용 쪽지가 있었으면' 하고 생각했다. 그래서 스펜서 실버가 만든 접착물을 확인해보기로 결정했다."

아트 프라이가 생각에 그치지 않고 그것을 실행에 옮기고 실천한 결과 스펜서 실버가 발견한 포스트 잇을 제대로 활용하는 방법을 깨달을 수 있었다.

그뿐만 아니라 스펜서 실버 역시 포스트 잇을 발명할 때 이론이나 생각에만 의지했다면 절대로 만들 수 없었을 것이라고 했다. 포스트 잇을 발명할 수 있었던 단 한 가지 주된 원인은 실천이었고, 행동이었고, 실험이었던 것이다.

"포스트 잇을 개발한 것은 실험이 주된 원인이었다. 만약 내가 미리 생각해서 뺄 것을 빼고 심사숙고했다면, 나는 아마 실험조차도 하지 않았을 것이다. 또 내가 실험도 하기 전에 책을 찾고 문헌을 뒤졌다면 거기서 끝났을 것이다. 문헌들에는 온통 그와 같은 것을 절대 만들 수 없다고 예시되어 있었기 때문이다.”

그의 말처럼 심사숙고했다면 그는 실험조차도 하지 않고 포기했을 것이다. 모든 이론이 그것을 발명하는 것은 불가능하다고 소리치고 있었기 때문이다. 하지만 그는 먼저 행동하고 먼저 실험하고 먼저 움직였다.

실행에 집중할 때
성공은 노크한다

2008년 5월, 미국 하버드대학교의 졸업식장에서 한 여인이 졸업 축사를 했다. 그녀는 대학을 졸업하고 나서 엄청난 실패와 밑바닥 인생을 살았던 무일푼 싱글맘이었다. 결혼에 실패하고 직장도 없었던 그 여인은, 자신의 삶을 살아나갈 용기와 희망이 없어서 자살 시도까지 할 지경이 되었다.

그런 그녀가 어떻게 해서 명문대 하버드대학교에서 졸업 축사를 하게 되었을까? 과연 무엇이 밑바닥 인생을 살던 그녀로 하여금 최고의 성공을 할 수 있게 해주었고, 최고의 삶을 살아갈 수 있게 해준 것일까?

그것은 바로 '실행'이었고, '도전'이었다. 이 이야기의 주인공은 135개국에서 67개의 언어로 출간되어 무려 4억 5천만 부라는 경이적인 판매부수를 기록하며 팔리고 있는 해리포터 시리즈의 작가 조앤

K.롤링이다. 그녀는 불과 몇 년 전까지만 해도 정부보조금으로 생활해야 할 정도로 비참하고 가난하게 살았다. 어린 딸을 두고 혼자 저세상으로 갈 수 없었던 그녀는 무엇이든지 시도하고 도전하고 실행해야 했다.

그녀는 최악의 상황에서 어떤 전략이나 계획에 집중하기보다는 실행과 도전에만 집중했다. 롤링은 어린 딸을 유모차에 태워 재운 후에 집 앞의 카페나 공원에 가서 글을 쓰고 또 썼다. 그녀는 끼니를 걱정해야 할 비참한 순간도 많이 겪었으며, 심할 때는 어린 딸의 분유를 살 돈이 부족해서 맹물을 먹여야 했다. 이러한 현실에서도 그녀는 도전과 실행에 집중했다.

"난 뭔가 성공시켜야 했어요. 아무 것도 가진 게 없는 빈털터리였으니까요. 그런 도전이라도 하지 않았다면 완전히 미쳐버렸을 겁니다."

그녀의 도전이 처음부터 성공적인 것은 아니었다. 오히려 실패에 실패를 거듭했다고 해도 과언이 아닐 정도로 실패투성이였다. 혼신의 힘을 쏟으면서 날마다 벼랑 위에서 쓴 원고를 들고 출판사를 찾아다녔지만 그 어떤 출판사도, 경험도 전무하고 그 어떤 배경도 없는 가난뱅이에 싱글맘에 이혼녀인 여자의 원고에 대해 출간을 승낙해주지 않았다. 무려 12개의 출판사로부터 거절을 당했지만 롤링은 그래도 포기하지 않았다. 계속해서 도전한 결과 겨우 작은 돈을 받고 출판 계약을 할 수 있었다. 하지만 그것은 거의 실패에 가까웠다. 초판으로 고작 500부밖에 간행하지 않았으며, 그 어떤 흥행의 낌새도 보이지 않았기 때문이다.

게다가 출판사 관계자는 롤링에게 이런 말까지 했다.

"아동서로는 절대 돈을 벌지 못합니다."

그녀가 처음으로 해리포터 시리즈를 출간하고 나서 몇 년 정도는 이 말이 정확하게 들어맞았다. 대박의 조짐이 보이지 않았지만 롤링은 계속해서 도전하고 실행했다. 그리고 몇 년 후에 그녀는 전 세계인들이 다 알 정도의 엄청난 성공을 하게 되었다.

그녀가 자신에게 주어진 환경을 불평하면서 어떤 도전이나 실행을 하지 않았다면 그녀의 눈부신 성공은 존재하지 않았을 것이다. 그녀의 성공이 우리에게 일깨워주는 단 한 가지 법칙은, 성공은 실행하는 자에게 노크한다는 것이리라.

06 우유부단함을 떨치고
과감하게 결단하라

성공의 시작은 선택이다. 성공하는 사람들은 자신들이 성공할 수 있는 직업이나 길을 선택했다. 만약 그들이 다른 직업이나 길을 선택했다면 그들이 지금 자신의 분야를 잘 선택했기 때문에 거두어들일 수 있었던 만큼의 큰 성공을 거두지 못했을지도 모른다.

예를 들어, 박지성 선수가 축구를 선택하지 않았다면, 김연아 선수가 피겨스케이팅을 선택하지 않았다면, 박세리 선수가 골프를 선택하지 않았다면, 과연 그들은 다른 분야에서 이름을 알릴 수 있었을까? 아마도 지금 그들이 선택한 분야에서만큼의 큰 성공을 거두지는 못했을 것이다. 어쩌면 두각을 나타내지 못하여 먹고사는 생계에 급급한 사람으로 전락했을 수도 있다. 이처럼 선택은 성공과 실패를 가르는 시작점이 아닐 수 없다.

한순간의 선택이 자기 인생의 모든 것을 바꾸어놓았다고 말하는 사람이 있다. 바로 『가슴 뛰는 삶』의 저자인 강헌구 교수이다. 그는 이 책의 서문에서 누가 보아도 무모한 일이었지만 바로 그 선택이 자신의 인생을 바꾸어놓았다고 술회한다.

누가 보아도 무모한 일이었다. 그러나 그때 그 한순간의 선택이 내 인생의 모든 것을 바꾸어놓았다. 나는 운명의 루비콘 강을 건넌 것이다. 만약 그때 그 강을 건너지 않았더라면, 내 운명의 스위치를 과감히 켜지 않았더라면, 지금의 나는 어떤 모습으로 살고 있을까?

나는 지금, 날마다 가슴이 뛴다. 365일 매 순간 가슴속 저 깊은 곳에서 '쿵쿵쿵……' 북소리가 들려온다. 십여 년간 꿈꾸어왔던 장면들이 매일 내 눈앞에서 생생하게 펼쳐지기 때문이다. 오늘 하루 일어날 일들을 생각하면 어떤 신비하고 경이로운 빛이 나를 이끌어가는 것 같은 환상에 빠진다. 가슴에서 '전진!'을 의미하는 것 같은, '쿵' 하는 북소리가 들린다. '행복'이란 심장이 쿵쾅거리는 것이라고 했던가? 사랑에 빠진 사람들을 보라. 그들은 설렘과 떨림으로 항상 가슴이 뛴다. 힘들게 산 정상에 올랐을 때나, 어려운 프로젝트를 성공리에 마쳤을 때, 오랫동안 준비한 시험에 합격했을 때도 심장이 터질 것처럼 가슴이 뛴다. 하지만 우리 인생에서 그런 순간들이 과연 몇 차례나 있을까? 온몸의 세포 하나하나가 살아서 꿈틀거리는 느낌! 매 순간이 행복하고 즐거워서 가슴이 두근거리는 기분!

나는 매일 매 순간 그런 삶의 절정을 만끽하며 살고 있다. 이 얼마나 분에 넘치는 행복인가!

그는 40대 중반까지만 해도, 온몸의 세포가 살아서 꿈틀거리고 매 순간이 행복하고 즐거워서 가슴이 두근거리고 설레는 삶은 책이나 영화에서나 나오는 이야기인 줄로만 알았다고 한다. 그러한 그의 무기력하고 조용한 절망의 삶이 날마다 가슴 뛰는 황홀한 열병과 같은 눈부신 삶으로 바뀌게 된 단 한 가지 계기는, 운명의 루비콘 강을 건너기로 선택하고 결단한 것이다.

많은 사람들이 눈부신 미래와 멋진 성공을 꿈꾸고 갈망한다. 하지만 대부분의 사람들이 성공하지 못하고, 그들의 미래는 평범했던 어제와 같다. 그 이유는 그들이 운명의 루비콘 강을 건너기로 선택하지 않았기 때문이다.

성공의 시작점은 바로 당신의 과감하고 담대한 선택이다. 하루하루가 행복하고 가슴 설레고 미치도록 즐겁다면 당신은 이전에 당신의 인생을 두고 멋진 선택을 한 적이 반드시 있는 사람이다. 그러한 선택을 많이 할수록 당신은 더욱 더 빛나는 성공의 길을 걸어갈 수 있다.

당신이 유능함에도 불구하고 성공하지 못하는 단 한 가지 이유는, 선택하지 못하고 결단하지 못하는 당신의 우유부단함 때문이다. 망망대해에서 하나의 목적지를 선택하지 못하고 날마다 목적지를 바꾸거나 혹은 목적지를 정하지 못한 채 기분이나 운에 맡기고 전속력으로 항해한다면 당신의 배가 아무리 빠르다 해도 항해가 아니라 표류하는 것에 불과하다.

반면, 당신이 무능함에도 불구하고 성공할 수 있는 단 한 가지 이유는, 가슴 설레게 하는 한 가지의 꿈과 목표를 변함없이 선택해왔기 때문이다. 그러한 선택은 당신에게 없던 재능도 생기게 하고, 가려져 있던 성공의 길도 보이게 해주며, 성공이라는 목적지에 도달할 수 있는 이 세상에 존재하지 않았던 지도와 방법까지도 만들 수 있게 해준다.

07

끈기를 가지고
자신의 일을 즐겨라

세계적으로 존경받는 리더십의 권위자이며 컨설턴트인 스티븐 코비는 타임의 '미국에서 가장 영향력 있는 25명' 가운데 한 사람으로 선정되었다. 그리고 자기계발 분야의 권위자로 인정받고 있는 브라이언 트레이시는 '불우한 가정에서 태어나 문제아로 낙인찍히며 고등학교를 중퇴하고, 호텔 주방에서 접시닦이로 전전하다가 화물선이나 주유소에서 일용직 노동자 신세로 살면서 하루하루 근근이 버티기에도 버거운 그런 밑바닥 인생'을 살았지만 세계적인 베스트셀러 작가가 되었다.

이 두 사람은 한 번 강의에 5억 원 정도의 강의료를 받는다. 약간의 변동 사항은 있을 수 있지만 이 두 사람의 강의료는 우리의 상상을 뛰어넘는다. 연봉이 5억 원이 아니라, 한 번 강의에 5억 원을 받는다는 것이다.

그렇다면 이 두 사람이 처음부터 그런 강의료를 받았던 걸까? 절대 아니다. 이들이 자신의 분야에서 이만큼 대가로 인정받고 거인으로 성장하기 위해서, 얼마나 큰 끈기를 발휘하였고 자신의 온 힘과 에너지와 혼을 쏟아부었는가를 생각해보아야 한다.

우리가 주목해서 살펴보아야 할 점은, 이들도 이 세상에 존재하는 평범한 작은 성공자들처럼 작은 성공을 했던 시절이 있었다는 점이다. 밑바닥 인생을 살다가 재기에 성공하여 남들처럼 어느 정도의 수입이 생기고 어느 정도의 생계가 보장되는 그런 시절이 그들에게 반드시 있었다. 바로 그때 그들이 남들처럼 스스로 만족하며 삶에 안주했더라면 그들은 평범한 사업가, 평범한 작가에 머물렀을 것이고 우리는 그들의 이름을 지금 모를 수도 있을 것이다. 하지만 그들은 어느 정도 성공했을 때, 어느 정도 먹고사는 게 안정권에 들어왔을 때, 남들보다 더 노력하고 끈기를 발휘했다.

그들은 자신의 분야에 대해 세계적인 전문가이고 권위자들이다. 그들이 그렇게 될 수 있었던 것은 자신의 분야에 대해 10만 시간 이상을 쏟아부었기 때문이다. 그런 초일류의 경지에 오른 사람들 중에 10만 시간보다 더 적은 시간을 쏟아부은 사람은 절대 있을 수 없다. 그런 사람은 존재하지 않는다.

"천재는 재능이 아니라 절망적인 처지 속에서 만들어지는 돌파구突破口이다."

철학자 사르트르의 말처럼 천재를 만드는 것은 재능이 아니다. 절망적인 처지 속에서 그러한 상황을 돌파하기 위해 모든 것을 쏟아부을 때 만들어지는 것이 천재이며 초일류의 경지인 것이다. 이들은 모두 자신의 분야에 완전히 미칠 정도로 큰 끈기를 발휘했고 그러한 끈기가 이들을 대가로 만들어놓았다.

한국 사회에 세계적인 초일류 거장이 적은 이유는 어느 정도의 성공에 만족하고 그것에 안주해버리기 때문이라고 할 수 있다. 한국 인들의 재능과 지능은 세계적인 수준이다. 과거에 실시된 국민 지능 지수 검사에서도 한국과 북한이 세계 1, 2위를 다투었을 정도임을 볼 때 우리 한국인들만큼 뛰어난 재능과 지능을 갖춘 민족은 없다 고 해도 과언이 아니다.

세계 어디에 가도 굶어 죽거나 가난하게 살지 않는다. 세계 어디 에 가도 한국인들은 유태인들보다도 더 쉽게 자립하고 경제적으로 독립하여 중산층의 삶을 살아간다. 오죽했으면 오래전부터 거주했던 흑인들의 모든 생계를 독차지할 정도의 강인한 생활력 때문에 흑인 들이 폭동을 일으키고 한국인들을 공격했겠는가?

그렇게 위대한 민족인데도 한국인들 중에 세계적인 거장이 상대 적으로 적은 단 한 가지 이유는, 어느 정도의 성공에 만족하고 현상 유지에 초점을 맞추기 때문이다. 이러한 현상에 대해 잘 설명해준 책 이 바로 짐 콜린스의 『좋은 기업을 넘어 위대한 기업으로 Good to Great』 이다.

기업 경영에 있어 또 하나의 바이블이라고 평가받고 있는 이 책은 2천 페이지의 인터뷰와 6천 건의 논문 조사와 3,8억 바이트의 정밀 한 데이터 분석을 토대로 '좋은 기업은 많지만 그토록 많은 좋은 기 업들이 왜 위대한 기업으로 도약하지 못하고 있는지?'에 대해 잘 설 명해놓았다. 그런데 이 책에서 설명하고 있는 핵심인 '좋은 기업들이 위대한 기업으로 도약하지 못하고 있는 이유'가 바로 우리 한국인들이 그럭저럭 좋은 삶, 좋은 성공에 만족하기 때문에 더 이상의 위대한 삶을 누리지 못하고 위대한 성공을 하지 못하는 이유와 일맥상통한다.

짐 콜린스는 그 이유를 단 한 문장으로 설명한다.

"좋은 것good은 큰 것great, 거대하고 위대한 것의 적이다."

이 얼마나 멋진 문장인가! 그렇다. 거대하고 위대한 기업들과 사람들이 그토록 드문 단 한 가지 이유가 바로 이것이다. 거대하고 위대한 사람이 우리 주위에 그토록 없는 이유가 바로 이것이다. 잘먹고 잘사는 부자들은 있지만, 거대하고 위대한 사람들은 찾아보기 힘든 이유가 바로 이것이다. 좋은 나라는 있지만, 거대하고 위대한 나라가 없는 이유가 바로 이것이다. 좋은 교회는 있지만 거대하고 위대한 교회가 없는 이유가 바로 이것이다. 좋은 학교는 있지만 거대하고 위대한 학교가 없는 이유가 바로 이것이다. 좋은 교수는 있지만 위대하고 거대한 교수가 없는 이유가 바로 이것이다. 좋은 가수는 있지만 위대하고 거대한 가수가 없는 이유가 바로 이것이다. 좋은 작가는 있지만 거대하고 위대한 작가가 없는 이유가 바로 이것이다. 좋은 시대는 있지만 거대하고 위대한 시대를 우리가 맞이하지 못한 이유가 바로 이것이다.

좋은 것은 거대하고 위대한 것의 적이다. 한국에 거대하고 위대한 초일류 권위자들이 그렇게도 적은 이유가 바로 이것이다. 따라서 거대하고 위대한 초일류 권위자가 되고자 한다면 좋은 성공에 만족해서는 안 된다.

성공했을 때 가장 필요한 것은 끈기이다. 좋은 삶을 살게 되었을 때 당신에게 가장 필요한 것은 끈기이다. 그렇기에 성공한 사람들이 가장 조심해야 할 것은 자만이고 만족이다. 자만하고 만족할 때 더 이상의 노력도 끈기도 발휘하기 힘들게 된다.

성공을 더 큰 성공으로 만들어주고, 성공을 오래 유지시켜주는 것은 끈기이다. 끈기가 없는 사람의 성공은 일시적인 것으로 전락하고 만다. 끈기 있는 사람이 거장이 되고 초일류가 되는 것은 만고불변의 진리이다.

열심히 하는 사람들이 그 일을 즐기는 사람들을 도저히 이기지 못하는 단 한 가지 이유는, 즐기는 사람들은 죽는 순간에도 그 일을 할 정도로 엄청난 끈기를 자연스럽게 발휘해낼 수 있기 때문이다. 자신의 일에 미친 사람들이 모두 대가가 되는 이유가 바로 이것이다. 자신의 일에 미친 사람들은 누가 몽둥이를 들고 쫓아다니면서 못하게 해도 목숨을 걸고 죽을 때까지 그 일을 손에서 놓지 않는다.

자신의 일에 미친 사람만큼 끈기 있는 사람은 존재하지 않는다. 그렇기 때문에 자신이 좋아하는 일, 자신을 미치게 만드는 그 일을 선택한 사람들 중에 큰 성공을 거둔 사람들이 그토록 많은 것이다.

당신을 미치도록 행복하게 만드는 일이 있는가? 그 일을 발견했다면 당신은 이미 성공의 길로 접어든 것과 다름없다. 이것은 확실한 사실이다. 인간의 의지가 아무리 강하다고 해도 의지만으로 10년, 20년을 한길을 걸어가며 날마다 혼신의 힘을 쏟아부을 수 있는 사람은 많지 않다. 하지만 어떤 일이 미치도록 행복한 일이라면 이야기는 달라진다. 의지만으로 할 수 없는 일, 의지로 하는 일을 뛰어넘어

날마다 즐기면서 몰입할 수 있게 되고, 그러한 몰입은 혼신의 힘을 쏟아붓는 차원을 뛰어넘어 더 큰 일을 해내게 한다.

성공을 하고, 그 성공을 유지하기 위해 끈기가 필요한 이유를 '시간 전망 time perspective'이라는 용어를 통해서도 알 수 있다. 이 용어는 1950년대 말 하버드대학교의 에드워드 밴필드 박사가 명명한 용어이다.

"단기적인 희생은 장기적 시간 전망을 발전시키는 출발점이다. 싫어하는 일이라도 목표 성취를 위해서 그 대가를 감내할 수 있어야 한다."

그는 개인의 경제적 성공에 기여하는 여러 가지 요인들을 연구한 끝에 다른 어떤 요인들보다도 우선하는 요인이 있다고 결론지었다. 바로 '사회에서 지위가 높은 사람일수록 그 사람은 그것을 얻기 위해 오랫동안 끈기 있게 노력을 해온 사람'이라는 것이다. 즉, 사회에서 성공하고 지위가 높은 사람일수록 긴 시간 전망을 가지고 있다는 것이다.

긴 시간 전망을 가진 사람들은 성공하기 위해 5년, 10년, 20년 심지어 50년을 내다보면서 현재를 충실하게 살아가며 끈기를 발휘한다. 성공한 사람들 대부분이 끈기가 있는 사람인 이유가 바로 이것이다.

유명한 마시멜로 이야기도 결국은 '시간 전망'에 대한 이야기와 본질은 같다. 마시멜로 한 개를 주고 실험이 끝날 때까지 먹지 않고 기다리면 한 개를 더 주겠다고 약속한 경우, 3분의 2의 아이들이 참지 못하고 먹고 만다. 참았던 아이들은 그렇지 못한 아이들에 비해

SAT 점수가 평균 250점이나 높게 나오며, 자신감 있고, 결연한 태도를 보인다. 그들이 기다리지 못했던 아이들보다 훨씬 더 성공적인 인생을 살아가는 것은 그들의 시간 전망이 훨씬 더 길었기 때문이라고 할 수 있다.

끈기 있는 사람들이 성공하고, 그 성공을 더욱 더 큰 성공으로 이어지게 할 수 있는 것은 그들이 장기적인 시간 전망을 가지고 있기 때문이라고 말할 수 있다.

하지만 밴필드의 주장에서 한 가지 놓친 부분이 있다. 그것은 의지적으로 자신의 목표와 성공을 위해 현재의 시간을 참고 인내하며 노력하는 장기적인 시간 전망을 가진 사람들은 평균 이상의 성공을 거두고, 평균 이상의 삶을 살아갈 수는 있지만, 그 이상의 삶, 즉 세계 초일류, 세계 최고의 성공과 삶을 살아가지는 못한다는 사실이다.

의사나 교수, 변호사 같은 좋은 직업을 갖기 위해 10년 이상 공부하는 사람들은 장기적인 시간 전망을 가진 사람들이다. 그들은 직업을 얻기 위해 다른 사람들보다 평균적으로 두 배 이상의 시간을 투자하며 힘든 시간을 참아내고 공부해야 한다. 하지만 대부분의 의사나 교수, 변호사 들의 삶을 볼 때 그들의 삶은 평균 이상일 뿐, 세계 최고의 삶은 아니다.

의사 중에서도 세계 최고의 삶은 노벨 의학상을 받을 만큼 놀라운 발명을 하거나 세계적인 권위를 지닌 명의가 된다거나 세계적인 병원을 경영하는 정도일 것이다. 이런 세계 최고의 의사들은 한국 사회에 존재하는 의사들의 수에 비해 상대적으로 너무나 빈약하다고 할 수 있다.

노벨 의학상을 받거나 세계적인 명의로 인정받는 사람들은, 장기적인 시간 전망에 따라 자신을 추스르고 끊임없이 노력하는 것만으로는 부족하다. 그렇다고 재능이나 지능이 뛰어나야 하는 것은 아니다. 노벨상을 받은 사람들 중에 많은 사람들이 자신의 일을 놀이처럼 즐길 수 있었기 때문에 평생 그 일만 할 수 있었다고 한다. 즉, 최고의 끈기는 자신을 미치도록 행복하게 만들어줄 수 있는 일을 발견하고 그 일을 하는 것이다. 그런 일을 하는 사람이 의지만으로 노력하는 사람보다 백배 천배의 몰입을 할 수 있게 되고, 평생 동안 할 수 있게 되는 것이다.

우수한 한국 학생들 중에서 세계적인 권위자가 많이 배출되지 못하는 단 한 가지 이유는, 공부를 즐기면서 하는 사람들이 매우 적기 때문이다. 한국에는 그저 사회적으로 안정된 직장과 좋은 직업을 구하기 위해 단기적 혹은 중기적 시간 전망을 가지고 공부하는 학생들이 많다. 하지만 유태인들은 공부를 그냥 하지 않는다. 공부를 즐기면서 하도록 유도하고, 결국에는 공부하는 것이 즐겁고 재미있어진다. 그러한 즐거움과 기쁨은 평생 공부할 수 있게 해줄 뿐만 아니라 의지를 가지고 노력하는 사람들보다 몇 배 더 높은 몰입과 끈기를 발휘하게 해준다.

끈기에도 수준 차이가 있다. 공자가 오랫동안 현인으로 추앙받을 수 있는 것도, 그가 평생 공부를 할 수 있었던 것도, 공부를 즐길 줄 알았기 때문이다. 최고의 끈기는 즐기는 데에서 나온다는 사실을 잊지 말아야겠다.

『논어論語』「옹야편雍也篇」에 다음과 같은 말이 나온다.

子曰 知之者不如好之者 好之者不如樂之者

공자께서 말씀하셨다.

아는 자는 좋아하는 자만 못하고,

좋아하는 자는 즐기는 자만 못하다.

성공은 끈기로 인해서 더 커지고, 더 오래간다. 그리고 최고의 끈기는 의지나 노력이 아니라 즐기는 것이다. 그것에 미치는 것이다. 왜 미치도록 좋아하는 일을 해야 하는지에 대해서는 좀 더 구체적으로 이야기할 것이다.

08 과감한 실천은 천재성을 깨운다

대문호 괴테는 말한다.

과감하게 행동하며 헌신하기 전까지는 망설임이 있고 머뭇거릴 수 있다. 그 망설임 속에는 뒤로 물러설 여지가 숨어 있다.

독창적이고 창조적이며 진취적인 행위와 관련한 기본적인 진리가 하나 있다. 진정으로 헌신하며 과감하게 행동하는 순간, 신의 섭리도 함께 움직인다는 것이다. 이 진리를 모르면 수많은 아이디어와 멋진 계획도 아무런 소용이 없다.

결코 일어날 듯싶지 않았던 온갖 일들이 일어나서 당신을 돕는다. 꿈에서조차 예측하지 못한 일들이 당신에게 유리하게 일어나고, 온갖 사건, 만남, 물질적 도움이 결코 예상하지 못했던 방식으로 흘러 일어나고 결정된다.

당신이 할 수 있는 모든 일, 혹은 당신이 할 수 있다고 생각하는 것이 무엇이든, 지금 시작하라. 과감함에는 천재성과 마법과 힘이 깃들어 있다. 당장 실천하라.

그의 말처럼 우리가 과감하게 실천할 때, 우리 자신도 미처 몰랐던, 보물처럼 숨겨져 있던 천재성이 깨어나게 된다.

이러한 사실을 잘 설명해주는 한 사람이 있다. 그는 평범한 성적으로 평범한 대학교를 졸업하고, 평범한 기업에 취업하여 평범하게 직장 생활을 10년 넘게 해왔던 40대 중년 남자이다. 어떻게 보면 남들이 다 부러워하는 안정된 직장을 안전하게 다니고 있었는데, 정작 본인은 자신의 삶에 만족하지 못했다고 한다.

회사 생활을 10년 넘게 하다가 문득 주어진 프로젝트를 하고, 제품을 개발하고, 월급을 받는 생활에 자신이 어떤 열광도 기쁨도 즐거움도 성취감도 느끼지 못하고 있음을 깨닫게 되었다. 더 심한 문제는 자기 자신의 삶이 자기가 오랫동안 생각했던 그런 눈부신 삶이 아니라는 사실이었다고 한다. 장밋빛 미래를 꿈꾸던 대학 시절에는 좋은 직장에 취직만 하면 훨씬 더 멋진 삶을 살게 될 것이라고 생각했는데, 막상 좋은 직장에 취업을 하고 10년 정도 회사 생활을 해본 결과, 너무나 평범한 삶이라는 것을 깨닫게 되었다고 한다.

그는 과감하게 직장을 그만두고, 무작정 도서관에 파묻혀 책을 읽기 시작했다. 원래 그의 꿈은 유학을 가서 평생 공부를 하는 것이었다고 한다. 그런데 가정형편이 넉넉하지 못했을 뿐만 아니라, 국비 장학생으로 유학을 갈 정도의 실력은 아니었기 때문에, 취업을 선택했던 것이다. 그런데 10년 정도의 회사 생활 중에 회의를 느끼면서 자신의 꿈인 공부를 계속하고 싶다는 생각이 더 강하게 들었다.

그는 도서관에서 다양한 분야의 책을 읽으면서 처음으로 공부의 맛을 느꼈다. 대학교 때까지 자신이 한 공부는 시험을 보기 위한 것, 승진을 위한 것, 대학교에 들어가기 위한 것, 졸업하기 위한 것과 같이 누군가 정해놓은 커리큘럼과 과목으로 제한을 받고, 정해진 틀에 따라 행해지는 그런 공부였다. 하지만 그는 평생 처음으로 분야를 넘나들면서 다양한 지식과 학문을 공부할 수 있게 되었던 것이다.

그는 공대 졸업생이었지만, 뇌 과학, 양자역학, 심리학, 철학, 인문학, 경제학, 경영학, 고전, 미술, 음악 등 다양한 분야를 폭 넓게 공부하였다. 그렇게 몇 년에 걸쳐서 수많은 책을 읽고 공부하는 과정에서 자신이 미처 몰랐던 자신의 재능을 하나 발견하게 되었다고 한다. 그것은 바로 '글쓰기'를 해보고 싶다는 강렬한 욕망이었다.

하지만 그에게 어떤 사회적 배경도 없다는 점은 큰 고민이 아닐 수 없었다. 경제경영 분야의 책을 출간한 작가들 대부분은 미국의 명문대에서 경제경영 분야의 석사나 박사 학위를 받은 인재였다. 최소한 국내 대학에서 박사 학위 정도는 받은 사람이어야 경제경영 분야의 책을 쓸 수 있고, 독자들이 그 작가를 신뢰하고 그 책을 읽어볼 것이었다.

겨우 국내 대학에서 공대를 졸업한 학사가 경제경영 분야의 책을 쓴다는 것은 달걀로 바위를 치는 것과 다를 바 없는 무모한 짓임을 그는 잘 알고 있었다. 자기계발이나 자기주도학습과 관련하여 책을 쓰려고 해도 심리학박사 학위나 교육학박사 학위를 받아야 된다는 통념이 그를 사로잡기 시작했다.

하지만 그는 과감하게 글을 쓰기 시작했다. 그 이유에는 두 가지 논리가 있었다.

첫 번째 논리는 아무리 좋은 세계적인 명문대학에서 박사 학위를 받았더라도, 그가 박사 학위를 받고 나서 10년이 지났다면 그 지식은 결국 무용지물에 불과하다는 생각이었다. 두 번째 논리는 아무리 좋은 세계적인 대학 출신의 박사라도, 그것이 10년 전에 박사 학위를 받고, 심지어 20년 전에 박사 학위를 받은 것이라면 최근 몇 년 사이에 공부한 내용으로 볼 때는 자신이 더 많이 공부했다고 자부할 수 있었기 때문이다.

그러한 생각을 가지고 용기를 내어 글을 쓰기 시작하자, 놀라운 일들이 생겨났다. 그중에서 가장 놀라운 사실은 글을 쓰면 쓸수록 자신감이 붙고, 글을 쓰는 능력이 향상되고, 자신도 몰랐던 작가로서의 재능이 폭발하는 것을 온몸으로 생생하게 느낄 수 있었다는 것이다.

괴테의 말처럼, 이 사람이 과감하게 실천하지 않았다면 망설임 속에 숨어 있는 물러서고 포기할 기회에 사로잡혔을지도 모른다. 하지만 과감하게 실천하자 천재성과 힘과 마법이 깃들어 있음을 깨닫게 되었고, 생생하게 체험하게 되었다.

세상적인 어떤 배경도 없지만, 그는 작가로서 성공적인 삶을 살아가고 있다. 그가 그렇게 성공할 수 있었던 이유는 단 한 가지이다. 바로 과감하게 실천했기 때문이다.

미치도록
좋아하는 일을 하라

『성공인의 공통분모 The Common Denominator of Success』의 저자 E.M.그레이 교수는 성공한 사람들에게는 여러 가지 공통점이 있다는 사실을 발견하고 그것을 설명하는 책을 출간했다.

그의 주장에 따르면, 높은 목표를 성취했거나 성공한 사람들에게서 발견할 수 있는 첫 번째 공통점은, 그들 모두 자신의 일을 미치도록 좋아하고 즐겼다는 것이다. 미치도록 좋아하는 일을 하기 때문에 인생의 모든 것을 걸고, 심지어 목숨까지 걸 정도의 열정과 혼을 심게 된다는 것이다. 자신의 일에 모든 열정과 혼을 심을 수 있다는 것은 그 일을 미치도록 좋아한다는 것이다. 그리고 그것은 오롯이 최고의 경쟁력이 되고, 성공 비결이 되는 것이다.

이것이 성공한 사람들은 대부분 인생을 마음껏 즐기면서도 자신의 일에 성공하는 것처럼 보여지는 이유이다. 자신이 하는 일이 미치도록 좋은 사람은 자신의 인생 또한 미치도록 좋아지게 된다. 이에 비추어 자신이 해야 하는 일이 미치도록 싫은 사람은 자신의 삶 또한 미치도록 지겹고 싫어지게 될 것은 두말할 나위도 없다.

하지만 가장 큰 문제는, 자신이 미치도록 좋아하는 일이 무엇인지 정확하게 알고 있는 사람들이 극히 적다는 사실이다. 이것은 큰 성공을 거두거나 최고의 삶을 살아가고 있는 사람들이 극히 적은 이유이기도 하다.

당신이 성공하지 못한 이유는 당신이 미치도록 좋아하는 일을 미처 발견하지 못하고, 깨닫지 못했기 때문일 수 있다. 당신이 만약 그 일을 발견하게 된다면, 그때부터 당신은 번잡하고 무익한 일들을 그만두고, 최고의 삶을 만드는 일에 매진할 수 있게 된다. 그것은 별 볼 일 없는 잡다한 일들을 하면서 세월을 보냈던 당신이 진정으로 가치 있는 일을 하면서 세월을 아끼게 되었다는 의미이다. 그렇게 되는 순간, 당신은 진정으로 살아 있다는 것이 무척이나 멋지고 근사하게 느껴질 것이다.

2002년에 포브스가 선정한 20세기에 가장 영향력 있는 경제경영 도서 top 10 중 하나로 선정된 바 있는 스티븐 코비의 『성공하는 사람들의 7가지 습관 The 7 Habits of Highly Effective People』에는, 왜 우리가 미치도록 좋아하는 일을 해야만 하는지에 대해 잘 설명되어 있다.

이 책에는 필자가 경험한 것과 거의 일치하는 이야기가 나온다.

좋은 회사, 좋은 직장, 좋은 학교라는 '사다리'를 우리는 날마다 오르며 살아왔다. 또 계속해서 사다리를 오르기 위해 살아가고 있고, 열심히 자기계발을 하고, 공부를 한다. 하지만 어느 순간 우리 모두는 깨닫게 된다.

'어! 이게 아닌데! 이렇게 살기 위해 그토록 노력하고 열심히 살았던 것은 아닌데!'

지금까지 열심히 오르던 사다리가 우리가 생각하고 상상했던 삶과는 전혀 다른 모습의 삶을 제공해주는 '사다리'에 불과하다는 것을 깨닫고는, 우리 모두 당혹감과 조용한 절망을 하면서도 여전히 하루하루 사다리를 오르며 살아가게 된다. 세상적으로는 멋진 직장, 멋진 직위, 멋진 직업임이 틀림없는데도 그 사다리를 오르면 오를수록 우리는 공허감과 좌절감과 채워지지 않는 갈망을 느끼게 된다.

이러한 현상을 '황금수갑 증후군'이라 부른다. 우리가 성공하기 위해서는 공허감과 좌절감과 채워지지 않는 갈망을 느끼게 하는 사다리에서 뛰어내려야 한다. 그리고 자신이 미치도록 좋아하는 일을 할 수 있는 열정적인 사람이 되어야 한다.

『성공하는 사람들의 7가지 습관』을 통해 스티븐 코비는 우리가 내면으로부터 진정한 변화를 일으켜야 할 필요가 있다고 주장하며 다음과 같이 말한다.

참된 변화는 내면에서부터 시작되어야 한다. 나뭇잎을 쳐내는 것과 같은 응급처치식 방법으로는 태도와 행동을 바꿀 수 없다. 이것은 뿌리, 즉 사고의 바탕이자 기본인 패러다임을 바꿈으로써만 가능하다. 이 패러다임은 우리의 성품을 결정하고, 우리가 세상을 보는 관점의 렌즈를 창조해준다.

우리의 태도와 행동을 바꿀 수 있는 참된 변화는 우리의 내면에서부터 시작되어야 한다고 그는 말한다. 우리의 외면에 존재하는 돈이나 권력이나 명성은 우리의 태도와 행동을 본질적으로 바꾸어줄 수 없다. 따라서 우리가 내면에서부터 제대로 시작할 수 있는 그 무엇인가는 바로 우리가 진정으로 미칠 수 있을 만큼 좋아하는 일을 하는 것이다.

이 세상에 자신이 미치도록 좋아하는 일을 하는 사람만큼 세상을 보는 관점과 성품이 꾸준한 사람은 없다. 바로 그것이 경쟁력이다. 최소한 미칠 만큼 좋아하는 일을 하는 사람은 절대로 흔들리지 않는다. 작은 시련과 역경에는 눈썹도 움직이지 않는다.

세상은 자신의 일에 미칠 만큼 열정적이고 에너지가 넘치는 사람에게 성공의 문을 활짝 열어주고, 성공으로 가는 길을 만들어준다. 미칠 만큼 좋아하는 일을 하는 사람과, 그저 생계를 위해 주어진 일을 하루하루 인내하며 열심히 하는 사람의 일의 성과가 비교할 수 없을 정도로 차이가 벌어지는 이유가 바로 이것이다.

미치도록 좋아하는 일을 하는 사람들은 1분 1초도 모두 자신의 일에 쏟아붓지만, 자신은 평생을 통틀어 단 하루도 일하지 않았다고 말하는 공통점이 있다. 즉, 창조적 업적을 남긴 위대한 성공자들은 모두 미치도록 유쾌하고 상쾌하고 즐거운 모험을 즐기듯 일을 했다는 것이다. 이러한 사실에 대해 몰입의 권위자인 미하이 칙센트미하이 박사는 저서 『창의성의 즐거움 Creativity』에 다음과 같이 표현하고 있다.

창조적 작업의 어려움은 끝이 없다는 것이다. 다시 말해, 우리가 인터뷰한 사람들은 하나같이 직장 생활을 하던 당시의 일분일초를 모두 업무에 쏟았지만, 동시에 인생을 통틀어 단 하루도 일하지 않았다고 말했다. 그들은 고난도의 업무에 몰두하는 시간마저도 유쾌하고 상쾌하고 즐거운 모험으로 간주했던 것이다.

다양한 분야에서 창조적 업적을 남긴 사람들을 다룬 이 책에서, 우리는 그들이 창조적인 업적을 남길 수 있었던 단 한 가지 이유로 '미치도록 좋아하는 일'을 했다는 결론에 도달할 수 있다.

창의적인 사람들은 여러 면에서 서로 다르긴 하지만 한 가지 점에서는 일치한다. 그것은 자신이 하는 일을 사랑한다는 사실이다. 그들을 움직이는 것은 명예나 돈에 대한 욕심이 아니다. 좋아하는 일을 할 따름이다.

『톰 소여의 모험』과 『허클베리 핀의 모험』 등으로 유명한 위대한 작가 마크 트웨인도 이러한 사실에 대해 확실한 교훈을 우리에게 전해준다. 그는 이렇게 말한 적이 있다.

"내가 하는 모든 일은 즐겁기 때문에 하는 것이다. 다른 사람의 일을 하면서 그것을 그만둘 수 없는 사람은 불행한 사람이다. 세상의 위대한 업적을 이룬 사람은 사실 위대한 놀이를 완성한 사람이다. 자신이 견뎌내야 하는 지겨운 노역 밑에서 신음하고 힘들어하는 사람들은 그 어떤 업적도 이룰 수 없다. 손과 두뇌에게 영혼이 고용당한 상황에서 어떻게 위업을 이룰 수 있겠는가? 노예가 만들어낸 작품은 지적으로든 물질적으로든, 위대한 것이 될 수 없다."

우리가 미치도록 좋아하는 일을 하게 되면 우리는 그것을 이 세상 그 누구보다 잘할 수 있는 사람이 될 확률이 매우 높아진다. 하지만 다른 사람이 시키는 일을 하거나 생계를 위해서 하기 싫은 일을 노예처럼 해야 할 때에는, 당신이 아무리 위대한 능력의 소유자라 할지라도 당신의 천재성이 절대로 발휘되지 않는다. 그 결과 당신은 평범한 성과에 집착하게 되고, 결국 평범한 사람으로 전락하게 된다.

당신을 위대하게 만들 수 있는 단 한 가지 비결은 당신이 미치도록 좋아하는 일을 하는 것이다.

10
피를 끓게 하는
일을 하라

우리가 피를 끓게 하는 일을 해야 하는 이유도 바로 이것이다. 피가 끓게 되는 일을 할 때 우리는 결코 상상도 못했던 능력과 힘과 에너지를 발휘해낼 수 있다.

그러니 어마어마하게 큰 목표와 꿈을 설정해야 한다. 목표와 꿈이 없으면 무기력한 인생을 보내게 된다. 또한 아무리 능력과 재능이 뛰어나다 해도 자신의 피를 끓게 하는 목표와 꿈이 없다면 스스로의 능력과 재능조차도 제대로 발휘해내지 못하고 만다.

「쉰들러 리스트」, 「E.T.」, 「라이언 일병 구하기」 같은 대작 영화들을 만든 세계적 거장 스티븐 스필버그 감독은 과연 어떻게 해서 이런 거작들을 쉴 새 없이 만들어낼 수 있었을까? 그에게 남다른 재능이나 비결이 있었던 것일까?

필자는 그 이유를 그가 가진 남다른 재능이 아닌 그의 피를 끓게 할 만큼의 열정이라고 생각한다. 다시 말해, 그가 거장이 될 수 있었던 단 한 가지 이유는 그가 자신의 피를 끓게 하는 일을 했기 때문이라는 것이다.

그가 한 말들 중에 가장 인상에 남는 말은 이것이다.

"나는 매일 아침, 오늘 할 일에 너무나 설레어 아침 식사조차 제대로 할 수 없을 정도다."

만약에 당신도 스필버그와 비슷한 말을 아침마다 하고 있다면 당신은 10년 안에 세계적인 거장이 될 것이다. 필자는 장담한다. 인간의 재능이나 지능은 종이 한 장 차이이지만 의식의 차이는 수백 권의 책, 수천 권의 책보다 더 크기 때문이다. 그 의식의 차이를 일깨워주고 의식의 차이를 만드는 것은, 바로 피를 끓게 하는 일을 하느냐 아니면 노예와 같이 주어진 일을 하면서 생계를 위해 조용한 절망을 한 채 살아가느냐이다.

우리가 피를 끓게 하는 일을 해야 하는 이유가 바로 이것이다.

인간의 능력의 차이는 겨우 몇 배밖에 되지 않는다. 100미터 달리기를 세계에서 가장 잘하는 총알 탄 사나이도 5초 만에 100미터를 돌파해낼 수는 없다. 그런데 평범한 당신도 100미터를 20초 안에는 돌파해낼 수 있다. 그렇다면 그 차이는 몇 배에 불과하다.

하지만 의식의 차이는 수백 배, 수천 배로 벌어질 수 있다. 박지성 선수로 하여금 세계적인 선수가 될 수 있게 해준 것은 그 자신의 높은 의식이었다. 그는 고등학교 때까지 아무도 주목하지 않는 평범한 선수에 불과했다. 하지만 그는 경기에 진출할 때마다 '이 경기장에서는 내가 최고다'라는 높은 의식을 스스로 창조했고, 그것을 유지했다. 그 의식이 그를 최고의 수준으로 끌어올린 것이다.

오프라 윈프리의 말하는 실력이나 한국의 유명 아나운서의 말하는 실력이 얼마나 차이가 날까? 필자의 생각에는 거의 차이가 없다. 혹시라도 차이가 난다면 아주 약간의 차이 아닐까? 하지만 오프라 윈프리가 한 시간 방송을 한 후 받는 돈은 한국의 유명 아나운서보다 백배 천배나 많다. 그 차이는 바로 실력의 차이가 아니라 의식의 차이다. 그 의식의 차이를 만든 것은 얼마나 자신의 의식을 고양시킬 수 있을 만큼의 피를 끓게 하는 일을 스스로 하느냐이다. 그녀가 자신의 피를 끓게 할 만큼 멋진 일을 하고 있다는 사실을 필자는 그녀가 한 말을 통해 짐작할 수 있었다.

"내가 미래를 내다보았을 때, 그것이 어찌나 눈이 부시던지 눈을 뜰 수조차 없었다 When I look into the future, It is so bright it burns my eyes."

당신이 만약 지금 당신이 하는 일을 통해 미래를 내다보았을 때, 너무 눈이 부셔서 눈을 뜰 수조차 없다면 당신은 이미 성공의 길에 접어든 것이 확실하다. 대부분의 성공한 사람들을 연구해보면, 놀랍게도 그들의 현실 속에서 그 어떤 성공의 기미나 전망이 전혀 보이지 않았고, 심지어는 비참한 실패와 암울한 미래와 현실의 기미만 보일 때조차도 그들은 모두 자신의 눈부신 미래와 성공을 확신했다.

그들이 눈부신 미래를 확신할 수 있었던 단 한 가지 이유는 무엇일까? 바로 그들이 남들과 다른 일, 즉 '피를 끓게 하는 일'을 하였기 때문이다.

이 세상에 자신의 피를 끓게 하는 일을 하는 사람만큼 무서운 사람은 없다. 자신의 피를 펄펄 끓게 하는 일을 발견하고 그 일을 하는 사람만큼 큰 잠재의식과 잠재력을 발휘하는 사람은 없다. 따라서 가장 능력 있는 사람들은 재능을 타고난 사람들이 아니라 자신의 피를 끓게 하는 일을 하는 사람이다.

자신의 피를 끓게 하는 일을 하는 사람들은 날마다 설레고, 가슴 뛰는 삶을 살아간다. 그러한 설렘과 흥분은 고스란히, 평범한 삶을 살고 평범한 일을 하는 사람들의 에너지와 능력을 훨씬 뛰어넘는 에너지와 능력으로 바뀌어, 천재성과 위대함에 불을 지피게 된다. 한 번 불이 붙으면 그것은 쉽게 꺼지지 않을 뿐만 아니라, 일을 하면 할수록, 시간이 흐르면 흐를수록 더욱 뛰어난 힘과 에너지와 천재성에까지 번지고 결국 탁월함에 이르게 된다.

그렇기 때문에 평범한 사람과의 격차는 갈수록 벌어지게 된다. 10년 정도 지나면 평범한 사람들이 아무리 멋진 전략과 높은 목표를 가지고 자신을 갈고닦아도 도저히 따라올 수 없을 정도로 도약해버리는 것이다.

성공의 최고 비결은 피를 끓게 하는 일을 하는 것이다. 피를 끓게 하는 일을 하는 것이 성공 비결 중에서도 최고인 이유는 그 어떤 성공 비결도 이 한 마디보다 못하기 때문이다.

세상에 존재하는 수많은 성공 비결들은 이 성공 비결에 비하면 아류에 불과하다. 피를 끓게 하는 일을 발견하지 못한 사람들, 피를 끓게 하는 일을 하지 않고 있는 사람들이 어떻게든 남들 수준만큼의 성공을 해보려고 온갖 비결을 찾았던 결과가 바로 이 세상에 존재하는 수많은 성공 비결로 탄생했을 뿐이다. 그러한 성공 비결에는 근면과 성실, 친절과 정직, 권모와 술수, 관계와 처세, 유머와 배짱 같은 것이 있다.

성공을 혁명하고 실천하고 배우는 최고의 방법으로 이보다 더 나은 방법은 없다. 당신으로 하여금 피를 끓게 하는 일을 발견하고 그 일을 하게 되면 없던 자신감이 저절로 생길 뿐만 아니라, 자신감보다 더한 광기가 생긴다. 광기는 세상의 모든 사람들이 당신에게 '당신은 절대 할 수 없다. 그 일은 너무 무모하고 멍청한 짓이다. 너무 위험한 짓이다'라는 말을 던진다 해도, 당신으로 하여금 눈썹 하나 깜짝하지 않고 과감하게 도전할 수 있게 해준다. 피를 끓게 하는 일을 할 때 그 일이 당신을 최고의 행동가가 되게 하며, 최고의 집념의 당사자가 되게 해주며, 최고의 모험가가 되게 해주며, 최고의 능력자가 되게 해준다는 사실을 명심하자.

세상에 이런 사람을 당해낼 사람이 있을까? 세상도 이런 사람에게는 문을 열어주고, 길을 만들어준다. 결단하고 행하는 자에게는 귀신도 무서워서 도망간다는 옛말이 허튼 말이 아닌 것이다. 그래서 불광불급_{不狂不及}이라는 말도 생겨났다.

자신이 하고자 하는 일이 자신의 피를 끓게 하는 일이 아니고 자신이 미칠 만큼 좋아하는 일이 아니라면, 빌 게이츠가 대학을 중퇴하고 창고에서 컴퓨터를 조립했을까?

당신의 피를 끓게 하는 일은 무엇인가? 지금 당장 그 일을 찾아라. 그리고 그 일을 하라. 그 일을 찾아서 할 때 비로소 당신은 성공이 무엇인지, 성공을 어떻게 하는 것인지를 뼛속까지 체험하게 될 것이다.

자신의 피를 끓게 하는 일을 하게 되면 그 일을 누구보다 잘할 수 있게 된다. 그것이 피를 끓게 하는 일을 하게 될 경우 얻게 되는 유익함이다. 하지만 그것은 빙산의 일각에 불과하다.

많은 책에서 자신이 잘하는 일을 찾아서 하는 것이 성공 비결이라고 알려준다. 하지만 자신이 잘하는 일을 하는 것보다 더 자신이 잘할 수 있게 되는 일은 자신의 피를 끓게 하는 일이다. 아무리 태어날 때부터 남들보다 잘할 수 있는 일이라 하더라도, 그 일이 만에 하나 자신의 피를 끓게 하거나 자신을 미치도록 행복하게 해주는 일이 아니라면, 그 일을 통해 세계적인 대가로 도약할 수 있다는 보장은 없다.

그뿐만 아니라 자기 자신이 잘 할 수 있는 일을 하다 보면, 이 세상은 너무나 많은 사람들이 살고 있기 때문에, 그리고 너무나 통신이 발달했기 때문에, 자기보다 압도적으로 잘하는 실력자를 반드시 만나게 된다. 그 순간 자신이 남들보다 잘한다는 이유로 그 일을 선택한 사람은 철저히 좌절하게 되고 재기 불능이 되고 만다.

하지만 자신의 피를 끓게 해주는 일을 선택한 사람은 자신보다 더 잘하는 실력자를 만나도 절대 흔들리지 않는다. 그런 사람을 만날수록 오히려 더 피가 끓을 뿐이다. 결국 피를 끓게 해주는 일을 하는 사람을 막을 사람, 좌절하게 할 수 있는 그 어떤 실력자도 존재하지 않는 것이다.

성공은 행동하는 자의 것이다

"평범한 사람의 잠재능력은 아직 항해하지 않은 대양과도 같고, 아직 탐험하지 않은 신대륙과도 같고, 풀어헤쳐져 어떤 위대한 행복을 향해 나아가기를 기다리는 가능성의 세계와도 같다."

성공학의 거장 브라이언 트레이시의 이 말처럼, 당신에게는 아직 항해하지 않은 대양, 아직 탐험하지 않은 신대륙과도 같은 능력이 숨겨져 있다. 그러한 능력을 깨우는 단 한 가지 비결은 행동이다.

꿈이 크고 목표가 명확하면 자신감이 커지고, 의욕이 샘솟고, 능력이 향상되고, 동기 부여의 수준이 높아진다. 그것은 꿈과 목표가 성공이라는 용광로를 움직이게 해주는 연료이기 때문이다. 따라서 꿈과 목표의 가장 큰 유익함은 움직이고 행동할 수 있게 해준다는 데 있다고 하겠다.

결국 성공과 실패를 가르는 것은 행동인 셈이다.

인류 역사상 가장 위대한 발견은 우리의 마음과 생각이 우리의 삶을 변화시킬 수 있다는 마인드의 힘일 것이다. 하지만 그 마인드의 힘이 완성되고 어떤 성과를 얻기 위해서는 반드시 '행동'이 필요하다는 사실도 간과해서는 안 된다.

똑같이 '나는 성공할 것이다'라는 마인드를 가지고 있다고 해도 성공하는 사람과 실패하는 사람이 생길 수밖에 없는 이유는, 생각과 행동은 별개의 것이기 때문이다. 궁극적으로 행동하는 자만이 성공할 수 있다는 말은 불변의 진리이다.

꿈이 아무리 크고, 목표가 아무리 숭고한 것이고, 생각이 아무리 남다르고, 아이디어가 아무리 기발한 것이고, 전략이 아무리 빈틈없고 완벽하며, 계획이 아무리 구체적으로 잘 짜였다고 해도, 그 모든 것을 가치 있게 만드는 유일한 단 한 가지는 행동이다.

이러한 사실을 이코노미스트가 경영 구루 중에 구루라고 극찬한 톰 피터스는 잘 알고 있었던 것 같다. 그는 자신의 저서 『인재 Essentials』라는 책에서 다음과 같은 재미있는 표현을 한 적이 있다.

뭔가를 한다는 것이야말로 중요하지 않은가? 비즈니스 세계의 현주소에 관한 내 이야기의 진액을 비문으로 표현해보겠다. 내가 가장 싫어하는 비문은 다음과 같다.

톰 피터스
1942~언젠가
그는 뭔가 정말로 멋진 일을 할 수도 있었다.
하지만 상사가 그를 내버려두지 않았다.

내가 정말로 원하는 비문은 다음과 같다.

톰 피터스
1942~언젠가
그는 행동가였다.

'그는 부자였다'나 '그는 유명했다' 또는 '그는 무엇이 옳은지 알았다'가 아니라 '그는 행동가였다', 다시 말해 기본적인 전제가 (수천 년은 아닐지라도) 수백 년만에 가장 큰 변화를 겪는 지금 그는 수수방관만 하지 않았다.

일말의 용기나 진실을 간직한 사람이라면 다른 건 몰라도 이것 하나만큼은 인정해야 한다. 방관자의 자리에서 일어나 행동가가 되어야 하는 현실에서 누구도 벗어날 수 없다!

행동가가 되어라!

그러므로 여러분도 모두 부자가 되고자 노력하기보다 먼저 행동가가 되고자 노력하라. 아마도 그쪽이 훨씬 더 쉬울 것이다. 행동가가 되면, 부자나 유명인이 되는 것은 그만큼 더 쉬워진다는 사실도 곧 알게 될 테니 말이다.

나는 성공의 지도를 보고 간다

초판 1쇄 인쇄 2012. 10. 10
초판 1쇄 발행 2012. 10. 22

지은이   **김병완**
펴낸이   **김의수**
펴낸곳   **레몬북스**
책임편집 **글꽃**

주소   **경기도 파주시 문발동 535-7 세종출판벤처타운 404호**
전화   **070-8886-8767**
팩스   **031-955-1580**
이메일 **kus7777@hanmail.net**
등록   **제396-2011-000158호**

ⓒ **김병완**

ISBN 978-89-967624-5-4 (13320)
잘못 만들어진 책은 구입처에서 교환 가능합니다.
값 13,500원